그린 에너지 생생 원자력 02

원자력이 궁금해요

### 상수리나무 출판사

상수리에 도토리 모양의 열매가 열리는데
일반 도토리보다 크기가 크고, 밤송이처럼 껍질이 붙어 있어서
일반 도토리와는 구별이 된답니다.
상수리는 날이 가물수록 열매가 더 많이
열려서 조선시대 때 굶주린 백성들의 배를 채워 주었다고 합니다.

어린이들이 상수리나무 출판사에서 나온
책들을 읽고, 지식을 나누고 공유하기 위해서
그리고 아무리 자신의 상황이 어려워도
좋은 책을 읽고, 정신을 살찌우기를 바라는
마음에서 출판사 이름을 상수리나무로 했답니다.

# 원자력이 궁금해요

글 | 이은철
그림 | 홍원표

# 차례

### 1 힘이 센 에너지, 원자력
모든 물질은 원자로 구성 … 8
원소들은 몇 개나 있을까요? … 12
우라늄보다 무거운 원소는 없나요? … 18

### 2 핵분열의 원리
핵분열과 열에너지 발생 … 22
아인슈타인 박사님, 이게 뭐예요? … 25

### 3 생활 속의 원자력에너지
엄청 힘이 센 핵폭탄 … 32
원자폭탄과 원자력발전소 … 37

### 4 원자력은 안전한가요?
원자로도 원자폭탄처럼 폭발하지 않나요? … 46
방사선을 막을 수 있나요? … 50
원자력발전에서 나온 쓰레기 … 54
방사성쓰레기는 위험한가요? … 56

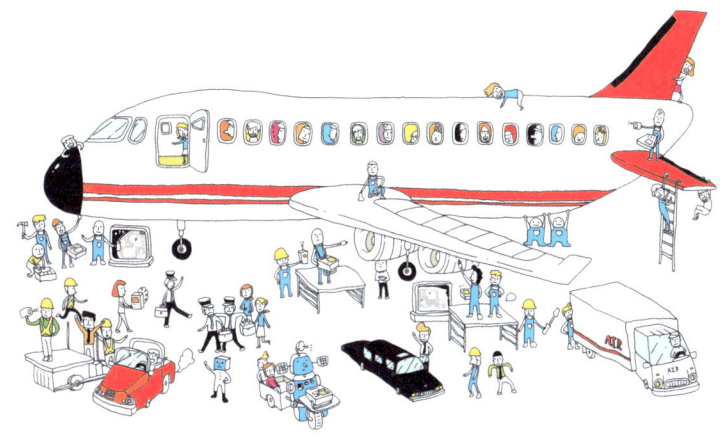

## 5 방사선은 무서운가요?
방사선이 뭐예요? … 62
방사선은 무서운 것인가요? … 65
방사선을 만들 수도 있나요? … 72
숨어 있는 병을 찾아 주는 방사선 … 76

## 6 생활에 널리 퍼진 방사선
음식 쓰레기와 굶어 죽는 아이들 … 82
먹는 음식에 방사선을 쪼여요 … 86

## 7 스파이 같은 방사선
비행기 엔진 속을 볼 수 있어요! … 96
원자의 움직임까지 볼 수 있어요 … 102

**퀴즈로 풀어 보는 원자력 이야기**

# 1 힘이 센 에너지, 원자력

# 모든 물질은 원자로 구성

우리 주변에는 나무도 있고, 돌도 있지요. 이런 모든 물체는 원자라는 작은 알갱이들이 모여서 이루어진 것이랍니다. 동물도 원자들이 모여 이루어진 것이고, 사람도 마찬가지입니다. 우리가 마시는 물도 그렇고, 공기도 몇 개의 원자들이 모여 이루어진 것이지요.

**원자도 쪼갤 수 있어요**

사람은 어떨까요? 우리 인체를 잘게 쪼갤 수 있다면 역시 아주 작은 원자라는 알갱이로 이루어진 것을 알 수 있어요. 옛날 그리스의 유명한 철학자인 데모크리토스는 "모든 물질은 원자로 이루어져 있다."고 말했지요. 그는 더 이상 나눌 수 없는 것이라는 의미로 '원자'라는 말을 사용했지요. 또 '모든 물질이 똑같으면 그것들을 이루고 있는 원자도 같다.'라고 생각했답니다.

그러나 과학이 발전하면서 원자도 쪼갤 수 있게 되었고, 그 속에는 더 작은 원자핵과 전자가 있다는 것도 알게 되었지요.

> **데모크리토스(기원전 460?~기원전 370년)**
> 고대 그리스의 자연철학자로 고대 원자론을 이야기했답니다. 충만과 진공을 구분하여, 충만은 셀 수 없이 많은 원자로 이루어지고, 진공은 원자가 없는 상태라고 했어요. 원자는 모양·위치·크기로만 구별할 수 있다고 했지요.

**원자와 \*분자는 어떻게 달라요?**

여러분은 소금과 설탕의 맛이 다른 것을 알고 있지요? 모든 물질은 서로 다른 특성을 가지고 있어서 서로 구별할 수 있답니다. 어떤 물질을 성질이 변하지 않을 때

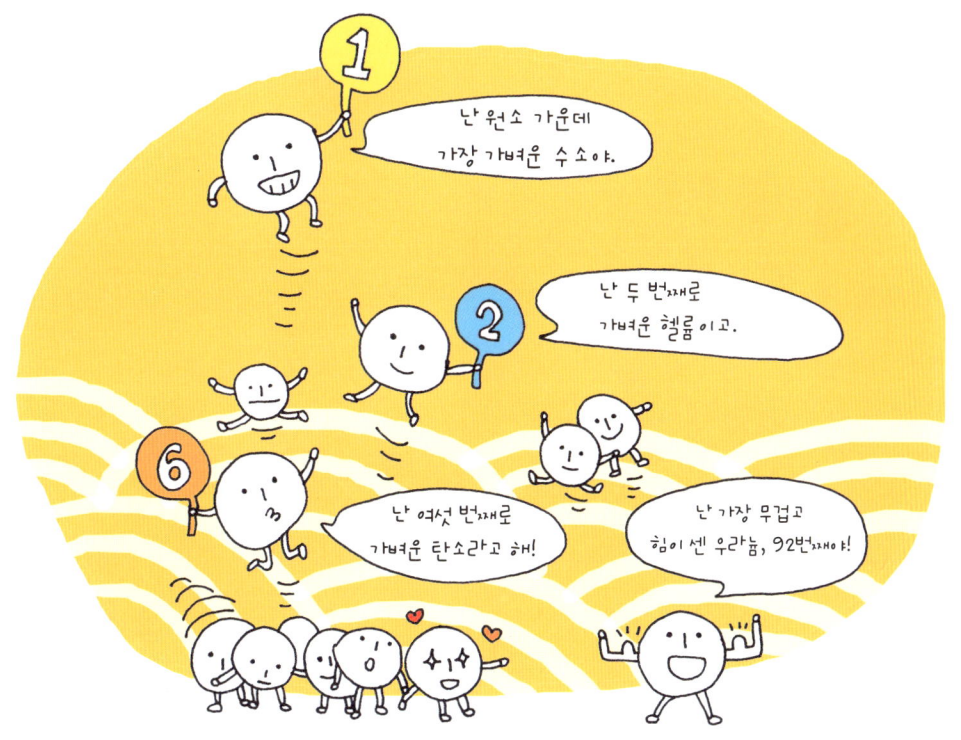

> **무슨 뜻이에요?**
> \*분자 : 각 물질들에서 화학적인 성질을 가진 가장 작은 알갱이를 분자라고 합니다.

까지 쪼개어 간다면 우리는 물질의 특성을 알 수 있는 작은 알갱이를 얻을 수 있습니다. 우리는 이렇게 작은 알갱이를 '분자'라고 부릅니다. 분자는 어떤 물질의 특성을 가진 가장 작은 성분이지요.

분자는 너무 작아서 우리 눈으로는 볼 수 없답니다. 크기가 얼마나 되냐구요? 크기는 1억 분의 1㎝ 정도랍니다. 너무 작아서 보통의 현미경으로는 보이지 않기 때문에 반드시 특수한 전자현미경으로만 볼 수 있답니다.

이런 분자는 몇 개의 원자들로 이루어졌습니다. 어떤 것은 원자 한 개로 이루어진 것도 있지만 많은 물체들의 분자는 대부분 하나의 원자가 여러 개 모여서 이루어지거나 또 여러 다른 원자들이 모여서 된 것도 있지요.

예를 들어 볼까요? 우리가 마시는 물은 두 개의 수소 원자와 하나의 산소 원자가 뭉쳐서 된 것이고, 공기는 산소와 질소 분자들이 모여서 된 것이랍니다.

그러나 금이나 은 같은 금속들은 하나의 원자로 분자가 되기도 하지요. 그래서 이렇게 모든 물질을 이루는 원자들을 '원소'라고 한답니다. 원소들의 원자들이 뭉쳐서 물질의 분자가 된다고 해서 그렇게 부르고 있답니다. 좀 어렵지요?
다시 물을 예로 들어 보면, 하나의 물 분자는 세 개의 원자로 이뤄져 있고, 물의 원소는 수소와 산소 두 종류인 것이에요.

### 물($H_2O$)

바다, 강, 호수와 지하수 등의 형태로 널리 분포하는 액체로 순수한 것은 냄새, 빛깔, 맛이 없고 투명합니다. 산소와 수소의 화학적 결합물로, 어는점 이하에서는 고체인 얼음이 되고, 끓는점 이상에서는 기체인 수증기가 되지요. 공기와 더불어서 생물이 살아가는 데 없어서는 안되는 가장 중요한 물질이랍니다. H는 수소 기호, O는 산소 기호로 수소 분자 2개와 산소 분자 1개로 이루어진 물질이랍니다.

## 원소들은 몇 개나 있을까요?

우리가 살고 있는 지구에는 원소가 모두 92개뿐이랍니다. 너무 적다고요? 아닙니다, 자연에 있는 모든 물체들이 92개의 원소들로 만들어졌다니 신기하지 않나요? 처음에는 더 많은 원소들이 있을 것으로 생각해서 과학자들이 많은 연구를 했답니다. 그런데 신기하게도 어떤 물체든지 잘게 쪼개 보면 결국 92개의 원소들밖에 없었답니다.

### 지구의 모든 원소는 92개

아무리 복잡하게 생긴 물체라도 쪼개 보면 92개의 원소들이 이렇게 또 저렇게 모여 다른 물체를 만들고 있는 것을 발견했습니다. 92개의 원소 중에서 가장 가벼운 원소는 수소랍니다. 그 다음은 헬륨이라는 원소인데, 가끔 코미디 프로에서 장난으로 목소리를 변하게 만드는 게 바로 헬륨이지요.
석탄을 만드는 원소는 탄소인데, 6번째로 가벼운 원소랍니다. 그렇다면 가장 무거운 원소는 무엇일까요? 바로 원자력에너지를 만드는 '우라늄'이랍니다.

### 원자를 더 쪼개면 어떤 것들이 나올까?

옛날에 원자가 더 이상 쪼갤 수 없는 가장 작은 알갱이라고 생각했는데, 원자도 더 쪼갤 수 있다는 게 밝혀졌어요. 원자는 가운데 '원자핵'이라는 단단한 알맹이와 그 주위를 돌고 있는 전자들로 이루어졌답니다. 마치 지구

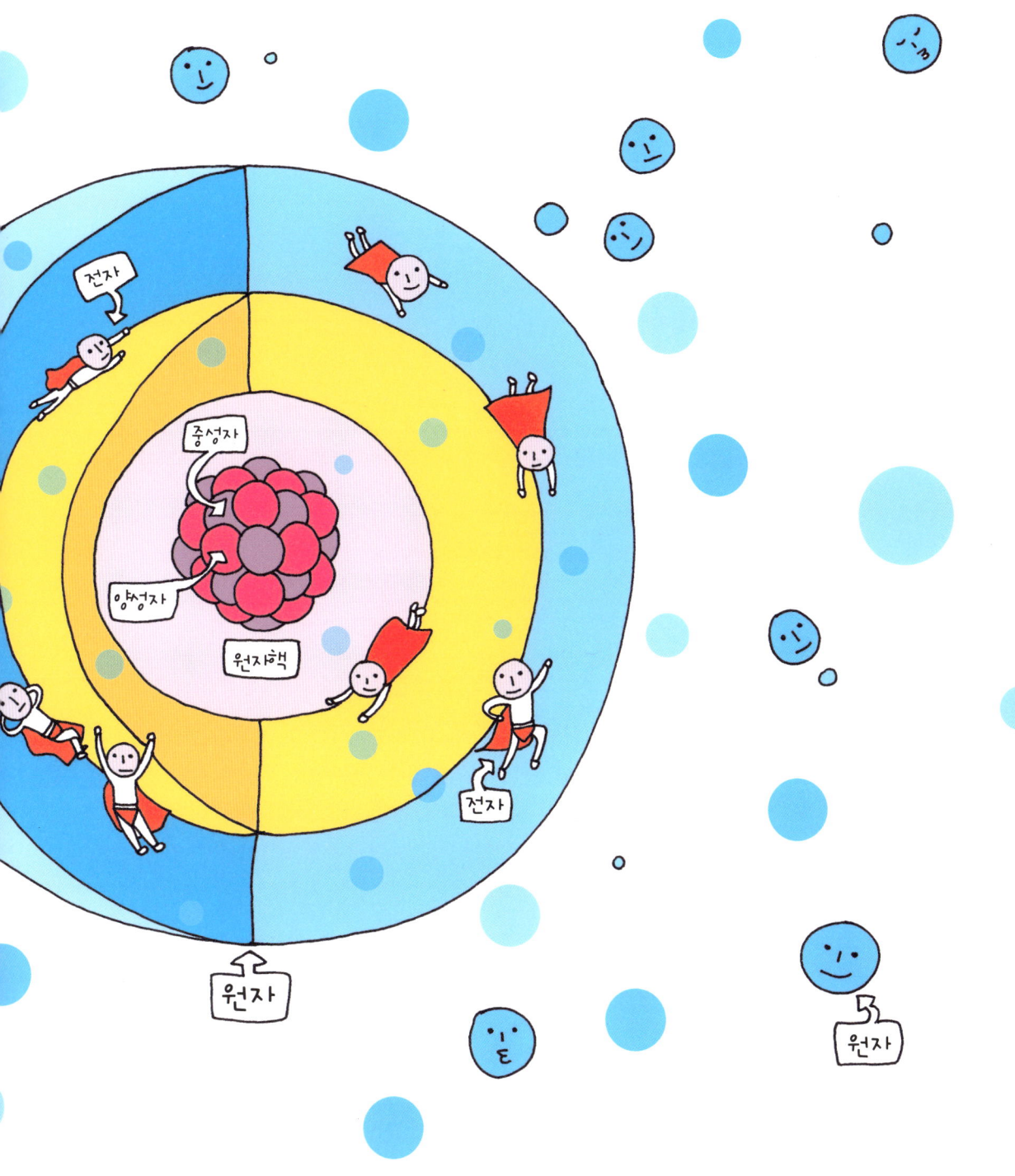

가 태양을 중심으로 돌고 있듯이 원자핵 주변에 많은 전자들이 돌고 있지요. 그런데 재미있는 것은 전자의 개수가 적을수록 원소가 가볍다는 것을 발견하게 된 것입니다. 그래서 원소들의 번호를 매기게 되었어요.

가장 가벼운 수소는 원자 번호 1번, 그 다음 가벼운 헬륨은 2번, 이렇게 정했답

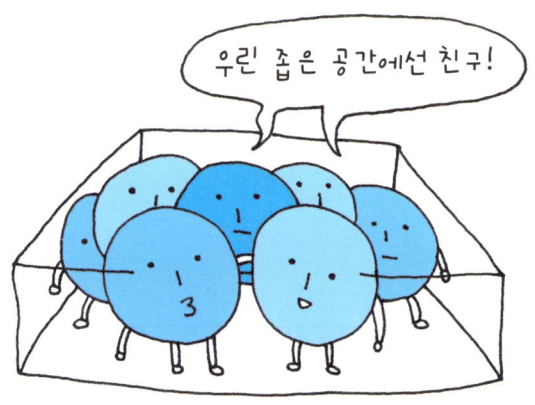

핵력은 좁은 공간에서만 힘이 강해져!

니다. 그렇게 정하다 보니 가장 무거운 원소인 우라늄은 92번째가 된 것이지요. 가운데 있는 원자핵을 '더 쪼갤 수 없을까?' 하고 과학자들은 많은 연구를 계속했어요. 그런데 원자핵 속에는 두 가지 다른 성질을 가진 알갱이들이 모여 있는 거예요. 양성자라는 알갱이와 중성자라는 알갱이가 섞여 있는 것을 알게 되었답니다. 양성자란 (+)전기를 띠고 있는 알갱이이고, 중성자는 전기 성질을 띠지 않는다고 해서 붙여진 이름이에요. 과학자들은 원자핵 안의 양성자 개수와 밖의 궤도를 돌며 (-)전기를 띠고 있는 전자들의 개수가 같은 것을 발견하게 되었습니다. 두 개의 전기 성질이 서로 영향을 주어 효과가 없어져서 전체 원자가 전기 성분을 띠지 않는다는 사실을 알게 된 것이지요.

### 양성자와 중성자가 같이 있어요

영국의 '뉴턴'이라는 유명한 과학자를 여러분도 잘 알지요? 뉴턴은 사과나무에서 사과가 땅으로 떨어지는 것을 보고 지구에서 끌어당기는 힘이 있다고 했지요. 이런 힘을 중력이라고 한답니다. 어떤 물체를 높은 곳에 두면 자연스럽게 그 물체가 땅으로 떨어지는 이유를 모르는 사람은 없겠지요?

지금은 그렇게 어렵게 생각하지 않지만,

**뉴턴(1642~1727년)**
영국의 물리학자이며 천문학자이자 수학자입니다. 만유인력의 법칙 등 여러 유명한 법칙들을 발견하여 과학과 수학의 발전에 크게 기여했답니다.

이런 사실을 뉴턴이 지구에 중력이 작용하여 일어나는 것이라고 설명하기 전까지는 아무도 그 사실을 몰랐답니다.

세상에는 여러 가지 힘이 있어요. 뉴턴이 발견한 중력 말고도, 전기를 띤 알갱이들이 서로 밀어내거나 끌어당기는 힘은 '전기력'이라고 하고, 자석의 다른 두 극이 밀어내거나 잡아당기는 힘을 '자기력'이라고 한답니다.

원자핵 속에는 (+)전기를 띠는 양성자와 전기 성질이 없는 중성자가 들어 있는데, 이렇게 성질이 다른 두 종류의 알갱이들을 결합시키는 힘은 무엇일까요? 이런 특수한 힘을 우리는 '핵력'이라고 한답니다.

핵력은 매우 강해서 전기 성질이 다른 알갱이들도 결합시킬 수 있지요. 그런데 이런 핵력은 아주 좁은 공간에서만 강하게 작용할 수 있다는 특징이 있답니다. 만일 두 종류의 다른 알갱이들이 조금만 거리를 두면 전혀 힘이 미치지 않게 됩니다. 지금까지 알려진 힘 가운데 가장 강한 것이 핵력이지만, 아주 가까울 때에만 힘이 작용한다는 사실은 원자핵이 큰 힘을 내는 기본 원리이니 잘 기억하세요.

### 값싼 금속으로 금을 만들다니?

사람들은 금을 아주 좋아하지요. 아기가 첫돌을 맞으면 금반지를 선물하는데 이것은 금이 비싸고 귀하기 때문이랍니다. 아마 옛날 사람들도 같은 생각이었나 봅니다. 금이 귀하기 때문에 값이 싼 '다른 물질을 가지고 금을 만들 수 없을까?' 하고 많은 연구를 했지요. 이렇게 귀한 금을 만들려는 노력을 연금술이라고 한답니다.
비록 금을 만들지는 못했지만 금을 만들기 위해 여러 가지 금속을 변화시키는 연

#### 금을 만드는 기술, 연금술
고대 이집트에서 시작되어 아라비아를 거쳐 중세 유럽에까지 전해진 화학 기술이에요. 납·구리·주석 등 공기 중에서 쉽게 산화하는 비금속(卑金屬)으로 금이나 은 등의 귀금속을 만들고, 늙지 않고 불로장생할 수 있는 약을 만들려고까지 한 것이에요. 고대 이집트의 야금술(冶金術)과 그리스 철학의 원소 사상이 결합되어서 생기게 되었지요.

구를 하다 보니 점점 더 과학에 대해 많은 것을 알게 되었습니다. 고등학교에서 화학이라는 어려운 공부를 하는데, 화학이라는 학문이 발전한 데에는 바로 금을 만들려는 노력이 있었기 때문이지요. 금을 만드는 방법을 찾다가 다른 물체들의 특성까지 알게 된 것이랍니다.

〈주몽〉이라는 드라마에서도 고구려가 중국의 한나라를 이기기 위해서 강철검을 만드는 과정이 나오지요. 다른 검도 쉽게 자를 수 있는 강철검은 자연에 있는 쇠에 여러 가지 성분을 섞어 원래 쇠보다 훨씬 더 강한 금속을 만들려고 노력하다가 만든 것인데, 이런 단단한 무쇠도 금속의 성질을 변하게 하려는 연금술에서 나온 것이랍니다. 그러나 금이라는 물질은 단지 금 원소 하나로만 이루어졌기 때문에 아무리 노력해도 만들 수는 없답니다.

# 우라늄보다 무거운 원소는 없나요?

금을 만드는 과정을 보면, 다른 물질을 섞어 보기도 하고 뜨겁게 열을 가하기도 했답니다. 그러다가 성질이 다른 새로운 원소들을 발견하기도 했지요. 이렇게 밝혀진 원소가 바로 92개의 원소랍니다.

### 우라늄 원자핵이 두 개로 갈라졌어요

사람들은 새롭게 발견한 우라늄이라는 원소의 특성을 연구하기 시작했습니다. '분명 우라늄보다 더 무거운 원소가 있을 거야. 그러면 또 새로운 원소를 얻을 수 있겠지.' 하고 연구를 거듭했어요.

그런데 이상한 일이 벌어졌답니다. 우라늄 원소와 중성자를 충돌시켜 보았어요. 과학자들의 예상은 무언가 우라늄보다 더 무거운 것이 생기는 것이었는데, 아무리 여러 번 같은 실험을 해도 우라늄보다 더 무거운 것은 보이지 않고, 우라늄보다 훨씬 가벼운 두 개의 물체가 발견된 것입니다. '내가 잘못해서 이렇게 되었나!' 하고 거듭 실험을 했는데도 이런 이상한 현상은 계속해서 일어났지요.

결국 과학자들은 이런 이상한 현상을 우라늄 원자핵이 두 개로 갈라져 생긴 것이라고 결론을 내리게 되었답니다. 그래서 이렇게 원자핵이 두 개로 갈라진다는 의미로 '핵분열'이 일어난다고 말하게 된 것이랍니다.

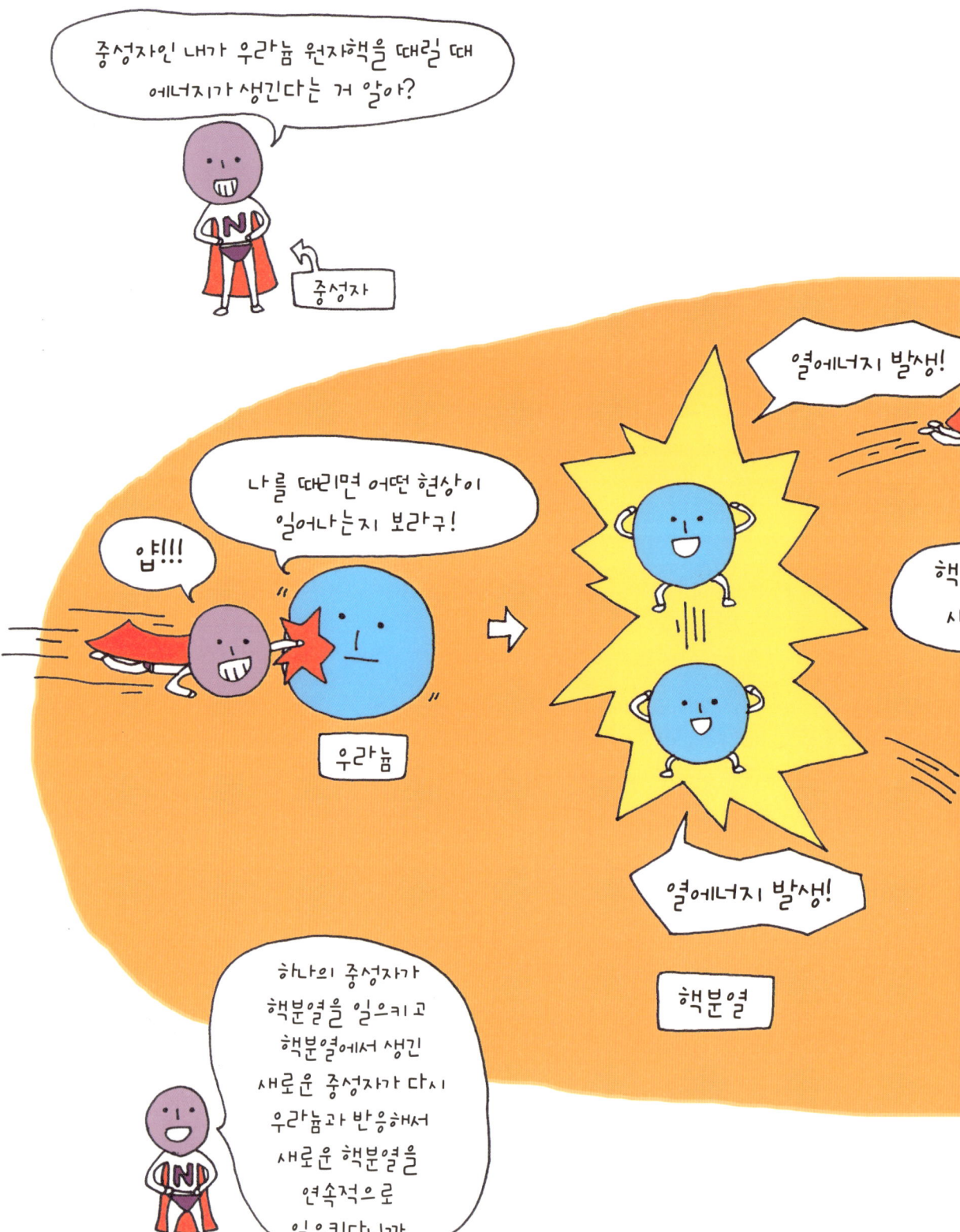

# 2 핵분열의 원리

## 핵분열과 열에너지 발생

우라늄 원자핵을 가지고 실험하던 과학자들은 그때까지 볼 수 없었던 여러 가지 이상한 현상을 많이 발견하게 되었습니다. 핵분열이 일어나는 것과 동시에 많은 열이 발생하는 것을 알게 되었지요. 이 열은 어떻게 생기는 것일까, 무엇이 이런 큰 열을 만들어 내는 것일까? 많은 궁금증이 생기기 시작했지만, 그 이유를 알 수 없었답니다. 그러나 계속해서 많은 사람들이 연구를 해서 드디어 답을 알 수 있게 되었답니다.

**\*질량은 변하지 않아요!**

여러분은 구슬을 가지고 홀짝놀이를 해 본 적이 있지요? 몇 개의 구슬을 한 손에 가지고 있다가 두 손으로 나누어 쥐면서 친구에게 한쪽 손의 구슬의 수가 홀수인지 짝수인지를 맞추는 것으로 이기고 지는 것을 결정하지요? 이때 두 손으로 구슬 수를 아무리 다르게 나누더라도 두 손의 구슬 총수를 합하면 항상 같지요.

만일 구슬이 아니고 원자들을 합하거나 나누더라도 이런 원칙은 변하지 않는 자연의 진리랍니다.

다른 수의 원자들로 이루어진 두 물체를 합하면 원자들의 배열은 달라질 수 있지만, 원래 각각 가지고 있던 원자들의 개수가 그대로 보태지면 원자들의 총수는 같아지는 것이지요.

원자들은 너무 작아서 눈으로 볼 수는 없지만, 이런 원리는 변하지 않아요. 이런 원리를 '질량 보존의 법칙'이라고 한답니다. 이 법칙은 약 300년 전에 프랑스의 '라부아지에(1743~1794년)'라는 과학자가 발견한 것이랍니다.

> **원자의 구조**
> 원자는 크게 보면 전자와 원자핵으로 구성되어 있고, 원자핵은 양성자와 중성자로 구성되지요. 원자의 질량 대부분은 원자핵이 차지한답니다.

어떤 하나의 물질이 다른 물질과 섞이더라도 원래 갖고 있던 원자들의 총수는 변하지 않고 다만 자리를 옮기는 것과 같아요. 그러니까 두 물질이 섞여도 원래 각각 가지고 있던 원자들의 수는 같아진다는 것이지요.

> **무슨 뜻이에요?**
> \*질량 : 질량이란 무게와 같은 뜻이며 과학적으로 사용되는 말입니다.

# 아인슈타인 박사님, 이게 뭐예요?

점점 정교한 저울이 개발되면서 가끔 질량이 달라지는 경우를 볼 수 있었어요. 물체의 질량은 합하거나 나누어도 변함이 없다는 원칙은 그대로인데, 크게 변하는 게 아니라 눈에 보이지 않을 정도로 적은 양이 달라지는 것을 가끔 발견했답니다.

### 원자가 열로 바뀌다니…

질량이 가끔 달라지는 현상은 물질들을 화학적으로 합하거나 나눌 때 생기는 아주 작은 변화인데, 처음에는 왜 이렇게 되는지는 알지 못했어요. 아마 구슬이 조금 깨져 조그만 파편이 두 손에서 없어지는 게 아닐까 하는 생각도 했답니다. 부스러기라도 눈에 보인다면 찾아서 깨진 부분에 맞추어

> **아인슈타인(1879~1955년)**
> 독일에서 태어난 미국의 이론 물리학자로 특수상대성 원리, 일반 상대성 원리, 광량자가설, 통일장 이론 등을 발표했답니다. 1921년에 노벨 물리학상을 받았지요.

원래 모양을 만들 수 있겠지요?

하지만 원자들은 워낙 크기가 작아 눈에 보이지 않고, 또 수가 많기 때문에 없어진 것을 찾아 꿰맞출 수는 없답니다. 특히 원자들을 다시 합하면 모양이 구슬처럼 그대로 유지되기보다는 아주 다른 모양으로 변하는 것들이 더 많지요. 그러니까 일부가 사라지면 어디로 갔는지 찾기가 쉽지 않답니다.

과학자들은 이렇게 없어진 원자들이 다른 모양으로 어딘가에 있어야 한다는 것은 알고 있었지만, 어디에, 어떻게 변해 있는지를 찾지는 못했답니다. 그런데 '아인슈타인'이라는 천재 과학자가 없어진 원자들이 열에너지로 바뀔 수도 있다는 것을 알았지요.

그 전까지는 원자가 다른 모양으로 바뀔 수 있다는 것은 꿈도 꾸지 못했는데, 원자가 모양이 바뀌는 게 아니라 아예 없어지고 열로 바뀌다니 사람들은 믿기 어려웠겠지요?

### 얼어붙은(?) 에너지

아인슈타인은 100년 전에 보통 사람들이 하기 어려운 얘기를 했습니다. 이것이 사실로 확인된 것은 훨씬 뒤에 많은 과학자들의 실험을 통해서였어요.

그렇다고 질량이 변하지 않는다는 원칙이 바뀐 것은 아니랍니다. 다만 반응이 일어나면서 없어졌다고 생각되었던 일부 질량이 열에너지로 변하고, 그 에너지를 다시 질량으로 바꾼다면 총 질량은 원래 질량과 같다는 것을 아인슈타인이 밝힌 것이라고 볼 수 있지요.

중요한 것은 질량도 에너지의 일종이라고 보는 것입니다. 그래서 질량이라는 덩어리를

> **없어진 질량과 에너지**
> 없어진 질량과 에너지 관계를 바로 $E=mc^2$이라는 관계식으로 설명될 수 있어요(여기서 E는 에너지를 말하고, m은 물질의 질량, 그리고 c는 빛의 속도를 말합니다).

'얼어붙은 에너지' 라고도 하지요. 그렇다면 여기에서 두 가지 의문이 생길 수 있겠지요? 첫째는 질량도 에너지의 일종이라면 얼어붙은 에너지를 어떻게 녹일 수 있는가, 즉 에너지를 어떻게 뽑아 쓸 수 있을 것인가 하는 문제이며, 둘째는 반대로 어떤 형태의 에너지로부터 질량, 즉 물질이 생성될 수 있는 것인가 하는 것입니다. 첫번째 의문에 대한 해답은 이미 오래 전에 해결되어 세계는 지금 질량으로부터 뽑아 낸 에너지 즉, 핵에너지를 활용하여 원자력시대를 맞고 있답니다.

### 알갱이가 에너지로 변하다니…

우라늄 핵이 두 개나 세 개의 작은 핵으로 분열될 수 있다고 한 것을 기억하지요? 만일 질량 보존의 법칙이 지켜진다면, 원자핵에서 변화가 일어나기 전과 후의 질량(무게)을 합한다면 같아야겠지요? 그런데 같지가 않은 거예요. 분열된 몇 개의 핵들의 질량을 모두 합하면 원래 우라늄 원자핵이 가지고 있던 질량과 같아야 하는데, 아무리 합해도 모자란다는 것을 발견했지요.

어디로 갔을까? 아인슈타인의 예언대로 핵분열 과정에서 없어진 질량은 에너지로 변해 찾을 수가 없었던 것이랍니다.

앞에서 원자핵 속에 양성자와 중성자들이 강한 핵력으로 결합되었다고 한 것을 기억하나요? 핵분열은 이런 강한 핵력을 가지고 있는 알갱이들을 힘을 주어 강제로 떼어 낼 때 그 결합력이 큰 에너지로 변해 나오는 것이라고 알려져 있답니다.

### 중성자로 1초에 10억 번이나 분열해요

우라늄 원자핵이 분열하면서 실제로 없어진 양은 그렇게 많아 보이지 않았는데, 굉장히 큰 열이 발생하는 것을 알게 되었어요. 하지만 그 이유를 좀처럼 설명할 수

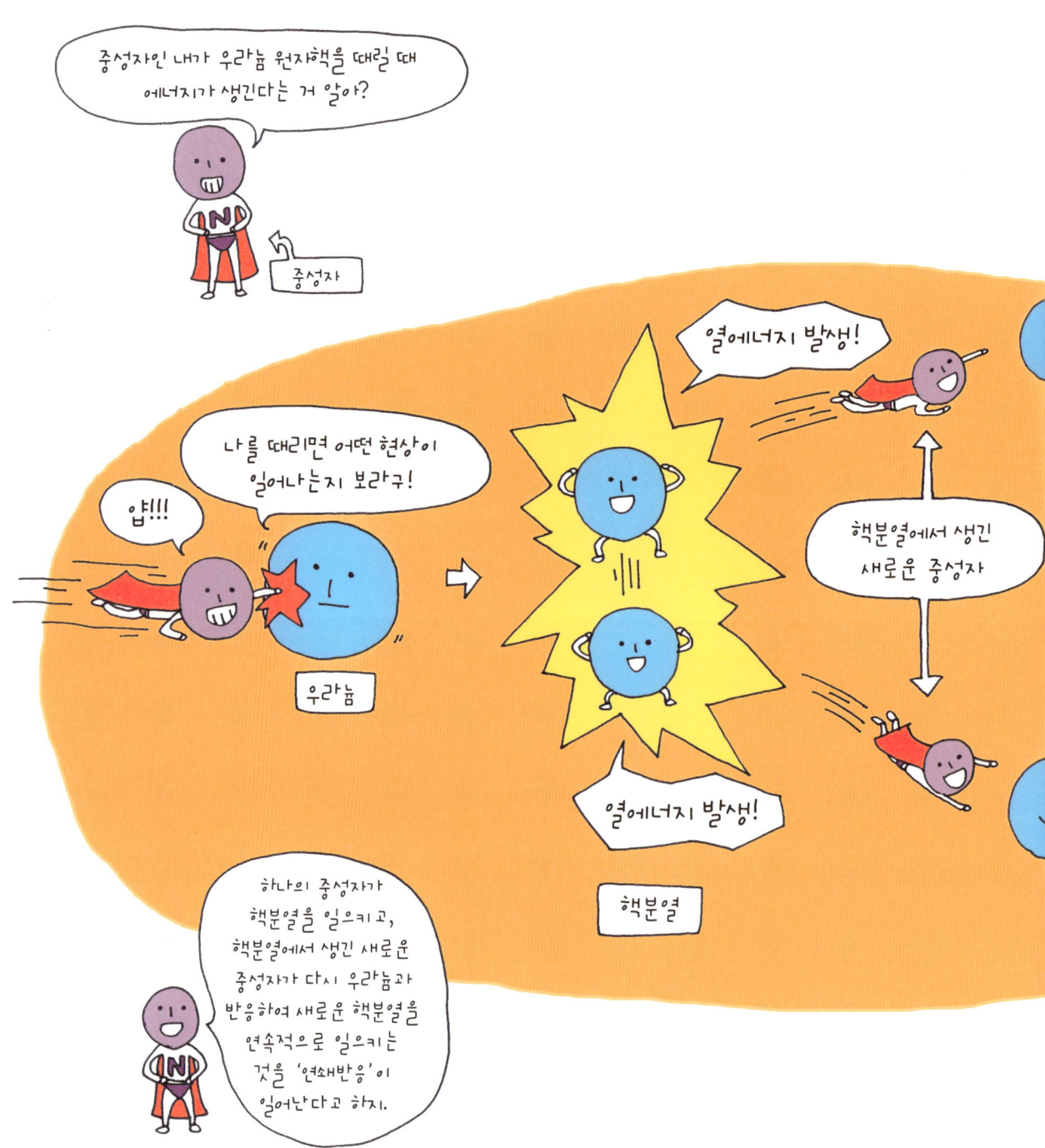

없었답니다. 아무리 질량이 크게 변해도 아인슈타인의 공식에 따르면 생기는 열은 그렇게 클 수가 없는데, 아주 엄청난 열에너지가 생기고 있으니….

한 번 핵분열이 일어나는 경우, 없어진 질량이 모두 에너지로 변한다면 그 에너지는 그냥 뜨거울 정도로 적은 양에 불과하거든요. 그런데 우리가 생각했던 열보다

훨씬 더 많은 열이 생기는 것은 분명 다른 이유가 있을 것이라고 생각하게 되었지요. 그 이유가 무엇일까요?

우라늄이 분열할 때 일부 질량이 에너지로 변하기도 하지만, 두세 개의 중성자도 같이 나옵니다. 우라늄을 분열시키기 위해서는 반드시 중성자로 우라늄 원자핵을 때려 주어야 하는데, 이런 반응은 굉장히 짧은 순간에 일어난답니다.

### 연쇄반응으로 엄청난 열이 나와요

10억 분의 1초 정도면 이런 반응이 일어나게 되지요. 만일 새로운 중성자가 없으면 이런 반응은 한 번 일어나고 그치게 된답니다. 그런데 우라늄이 분열하는 과정에서 새로운 중성자가 생기면서 이 중성자가 다른 우라늄 핵을 분열시키지요. 만일 하나보다 더 많은 중성자가 새로 만들어진다면 어떻게 될까요?

여러분이 이해하기 쉽게 두 개의 중성자가 생기는 것으로 생각해 볼게요. 처음에 한 번 일어나던 핵분열은 새로 두 개의 중성자가 생기면서 두 번의 핵분열이 가능하게 되겠지요? 그 다음에는 각각의 핵분열에서 다시 두 개씩의 중성자가 생기면서 4번의 핵분열이 일어나고, 그 다음에는 8번, 16번 이렇게 늘어나겠지요?

1초라는 시간은 눈 깜빡할 정도로 짧은 시간이지만, 핵분열은 이 짧은 순간에 무려 10억 번의 같은 반응이 되풀이되면서 우리가 셀 수 없을 정도로 많이 일어나게 된답니다.

이렇게 하나의 중성자가 핵분열을 일으키고, 핵분열에서 생긴 새로운 중성자가 다시 우라늄과 반응하여 새로운 핵분열을 연속적으로 일으키는 것을 우리는 '연쇄반응'이 일어난다고 합니다.

보통 한 번의 핵분열에서 생기는 열은 그렇게 많은 것은 아니지만, 우라늄은 순식간에 수많은 핵분열이 일어나면서 즉 연쇄반응이 일어나면서 엄청난 열에너지가 생기게 되는 것이지요.

# 3 생활 속의 원자력에너지

## 엄청 힘이 센 핵폭탄

1941년 12월 일본이 미국의 하와이 섬 진주만을 공격했어요. 한국을 비롯하여 중국과 동남아시아를 침공했던 일본의 가미카제 특공대가 비행기로 날아와 공습을 한 것이지요. 화가 난 미국은 일본을 무찌르기 위해서 전쟁을 하게 되었고, 엄청난 무기도 만들기 시작했지요.

### 히로시마와 나가사키에 떨어진 원자폭탄
미국이 일본의 공격을 받았을 그 시기에 마침 우라늄의 핵분열 에너지가 엄청나다

는 것을 알게 되었고, 이런 큰 에너지를 이용하여 무기를 만들 수 있다면 전쟁을 승리로 이끌 수 있다고 생각했습니다. 다음 해 미국은 '맨해튼 프로젝트' 라는 비밀 작전을 세우고 3년에 걸쳐 신무기를 개발했답니다.

1945년 8월에 비밀리에 만든 원자폭탄을 일본의 히로시마와 나가사키 두 곳에 떨어뜨렸는데, 위력이 너무 커서 일본은 항복할 수밖에 없었지요. 원자폭탄 때문에 몇십만 명이 죽었고, 근처의 다른 지역까지 몇십 년 동안 살 수 없을 정도로 피해를 입었답니다.

원자폭탄을 만든 과학자들조차 위력이 이렇게 클 줄은 상상도 못했다고 합니다. 몇십만 명의 사람들이 죽게 될 줄은 꿈에도 생각하지 못했던 거죠.

전쟁이 끝난 뒤에 폭탄을 만드는 데 참여했던 많은 과학자들은 그런 폭탄을 만들게 된 것을 후회하게 되었어요. 아인슈타인을 비롯한 많은 과학자들이 다시는 원자폭탄을 만들어서는 안된다고 결정하게 되었고, 원자력에너지를 인류의 복지를 위해 평화적으로 사용하는 방법을 연구하기 시작했답니다.

> **히로시마, 나가사키의 원자폭탄**
> 히로시마는 일본 히로시마현 남서쪽에 있는 곳으로 제 2차 세계 대전 때 미국이 처음으로 원자폭탄을 떨어뜨린 곳입니다. 자동차·조선·산업 기계 등의 중공업이 발달했으며, 바늘의 주요 생산지이지요. 나가사키는 일본 나가사키현 남부에 있는 항구 도시로 전기·조선 기기·철강 등의 주요 산업 지역이며, 연안·원양 어획물이 모이는 곳이기도 합니다. 1945년 8월 9일 원자폭탄이 떨어졌답니다.

## 물속에 1년 이상 머물 수 있는 원자력잠수함

제주도에 가면 잠수함을 타고 바닷속을 구경할 수 있지요. 유리창을 통해 보는 바닷속은 정말 아름답습니다. 물속에서 헤엄치는 물고기들을 볼 수 있고, 빨간 산호초도 볼 수 있지요. 사람들이 쉽게 경험하기 힘들었던 바닷속 풍경을 잠수함을 타고 직접 눈으로 볼 수 있게 된 것입니다.

미국에서는 원자력을 평화적으로 이용하려고 1954년에 원자력잠수함을 만들었습니다. 해군이 세계 최초로 원자력잠수함을 만들면서 '노틸러스' 라고 이름을 붙였답니다. 잠수함은 때에 따라서는 한 달 이상 물속에 있는 경우가 많아요. 특히 전

쟁을 하려면 적에게 위치를 들키지 않고 적의 군함을 공격해야 하니 더욱 그렇겠지요?

과거에는 *축전지를 사용하여 전동기에 동력을 공급하는 전동잠수함이 많았는데, 물속에 오래 머물 수는 없었지요. 이에 비해 원자력을 동력으로 사용하는 잠수함은 1년 이상 물속에 잠수해 있더라도 충분한 동력을 낼 수 있어요.

또한 물을 전기분해해서 산소를 만들 수 있어 오랫동안 바닷속에 머물 때 가장 큰 문제가 되었던 잠수함 내 산소 공급에도 문제가 없답니다.

잠수를 하는 사람들이 등에 큰 산소통을 지고 물속에 들어가는 것을 본 적이 있지요? 물속에서는 산소를 공급받기가 쉽지 않아서 물속에서 오래 작업을 하기 위해서는 산소통을 메고 작업을 해야 합니다. 승무원들이 잠수함 속에 오래 있으면 산소가 부족해서 숨을 쉬기 어려워져요.

이런 여러 가지 이로운 점이 있어 강대국에서는 원자력잠수함을 많이 만들어 사용하고 있답니다.

잠수함에 이어 '사반나호'라는 원자력 상선도 만들었어요. 하지만 물품을 수송하는 배는 한번에 많은 거리를 운행할 필요가 없고 군데군데 자주 들러야 하는 점 때문에 원자력이 이로울 게 없어 얼마 가지 않아 운행을 중단했지요.

원자력을 평화적으로 본격적으로 이용하게 된 것은 가장 효율적으로 전기를 만드는 원자력발전소를 건설하면서부터입니다. 이렇게 시작된 원자력발전소는 전 세계에 450기 정도가 운전되고 있답니다.

### 쥘 베른의 《해저 2만리》

약 200년 전에 프랑스의 쥘 베른이 쓴 《해저 2만리》라는 소설에 노틸러스라는 잠수함이 등장합니다. '노틸러스'란 원래 영어로 '앵무조개'를 뜻하는데, 옛날부터 잠수함에는 노틸러스라는 이름을 붙여 왔답니다. 세계 최초의 잠수함은 미국의 공학자인 풀턴이 프랑스에서 만든 것으로 알려져 있는데, 이것이 1800년이니 지금으로부터 300년이 넘은 셈이지요.

### 무슨 뜻이에요?

*축전지 : 화학에너지를 전기에너지로 바꾸어 주는 장치입니다. 자동차의 전원이나 교통신호등 등에 사용되지요.

# 원자폭탄과 원자력발전소

핵분열이 일어날 때 생기는 많은 열을 평화적으로 사용할 수 있다면 생활에 도움이 될 텐데 많은 열이 너무 순식간에 생기니까 이용하기 어렵답니다. 불이 한꺼번에 갑자기 일어나면 큰불이 되어 집이 타 버리지요? 하지만 이렇게 위험한 불도 우리가 잘 이용한다면 생활하는 데 도움을 주겠죠?

**원자력발전소도 불 조절을 잘해야 해요**
적당한 불은 도움이 되지만 갑자기 큰불이 일어나면 조절이 되지 않아 주변의 모든 것을 태우듯이 원자력에너지도 불을 적당히 조절할 수 있다면, 인류를 위해 도움을 줄 수 있겠지요?
핵분열을 일으키고 연쇄반응을 일으켜 그때 생기는 에너지를 이용한다는 점에서는 원자폭탄이나 원자력발전의 원리는 같답니다. 가장 큰 차이는 핵분열 과정에서 생

기는 에너지의 양을 이용할 수 있을 정도로 줄인 것이 원자력발전이라는 거죠. 그러나 집에서 음식을 만들기 위해서 사용하는 불도 자칫하면 큰불로 번질 수 있듯이 이런 위험을 안고 원자력발전을 한다면 불안해서 안되겠지요? 그래서 과학자들은 원자력발전을 하기 위해서 아예 불을 만드는 과정을 다르게 했답니다.

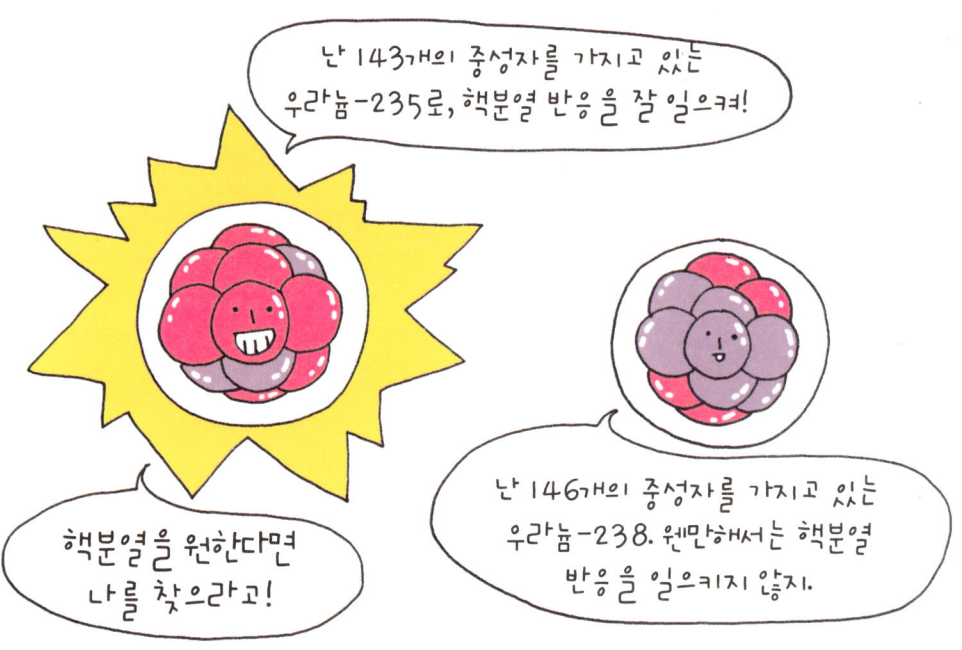

**우라늄에도 성질이 다른 형제가 있어요**

여러분도 형제가 있지요? 원소들도 형제가 있답니다. 가벼운 수소를 보면 무게가 두 배나 세 배인 형제가 있는데, 이런 것들도 성질은 수소와 같답니다. 다만 수소 원자핵 속에 중성자라는 알갱이가 하나 또는 두 개가 더 들어 있지요. 물론 어떤 원소는 전혀 형제가 없는 경우도 있지만, 많은 원소들이 이렇게 형제들을 가지고 있어요. 이렇게 성질은 크게 다르지 않지만, 서로 무게가 다른 형제가 있는 원소를 '동위원소' 라고 한답니다.

우라늄 원소도 두 형제가 있지요. 143개의 중성자를 가진 것과 146개의 중성자를 가진 원소가 있답니다. 그런데 이 두 형제는 특이한 성질을 가지고 있어요. 143개의 중성자를 가진 우라늄은 핵분열 반응을 잘 일으키는 우라늄-235이고, 146개의 중성자를 가진 형제 우라늄-238은 웬만해서는 핵분열 반응을 일으키지 않는답니다. 오히려 핵분열을 일으키려고 중성자를 넣어도 이 형제는 중성자를 잡아먹어 버려요. 그러니까 핵분열을 일으키려면 143개의 중성자를 가진 우라늄-235만 가능한 것이죠.

그런데 참 다행인 것은 광산에서 우라늄을 캐어 보면 핵분열을 일으킬 수 있는 형제들의 양은 전체의 140분의 1밖에 되지 않는다는 것입니다. 만일 핵분열을 일으키는 우라늄의 양이 더 많았다면, 그 광산에서 수시로 핵분열이 일어나 폭발이 일어났을 테니 사람들이 그런 곳에서는 편안하게 살 수 없었겠지요?

다행히 우라늄 광산이 있는 곳에는 이런 우라늄이 적어 연쇄적으로 핵분열이 일어나는 것을 스스로 막아 주었기 때문에 사람들이 살 수 있었던 것이랍니다.

### 원자폭탄은 어떻게 만드나요?

원자폭탄은 순식간에 많은 연쇄반응을 일으켜야 하기 때문에, 우라늄 형제 중에서

핵분열을 잘 일으키는 것만 골라서 사용한답니다. 즉, 우라늄 광산에서 우라늄을 채취한 다음 143개의 중성자를 가지고 있는 우라늄-235만 골라내는 어려운 과정이 필요하지요. 만일 다른 형제가 많이 섞여 있으면, 연쇄반응에 방해를 받아서 큰 열을 만들 수 없게 됩니다. 이런 점에서 원자력발전을 생각하게 된 것이랍니다. 원자력발전에서는 광산에서 캐낸 우라늄을 그대로 사용해요. 핵분열을 알맞게 일으키고, 또 연쇄반응의 속도도 사람들이 조절할 수 있을 정도로 일어나게 만든 것이지요.

한 번의 핵분열이 일어날 때 동시에 두세 개의 중성자가 나온다는 것을 기

### 엔리코 페르미(1901~1954년)

이탈리아계의 미국인 물리학자입니다. 부인이 유대인이었기 때문에 미국으로 망명했지요. 자연에 있는 원소에 중성자를 쏘아 40종류 이상의 인공방사성동위원소를 만들었답니다.
또, 열중성자를 발견해서 그 성질도 알아냈지요. 이 업적으로 1938년에 노벨 물리학상을 받았습니다.
1942년 세계 최초의 원자로인 '시카고·파일 1호'를 완성해서 원자핵 분열 연쇄반응 제어에 성공했어요. 이 원자로는 원자폭탄의 재료인 플루토늄을 생산하기 위해 이용되었습니다.
원자 번호 100번 원소는 페르미를 기려서 페르뮴이라고 했지요.

억하지요? 어떤 경우에는 중성자가 두 개 이상 나오기 때문에 연쇄반응은 2배, 4배로 늘어날 수 있지요. 그러나 만일 핵분열 반응에서 새롭게 생기는 중성자 가운데 하나만 남겨 놓고 나머지를 없애 버린다면 어떻게 될까요? 그러면 다음 핵분열에서도 두 개쯤의 중성자가 생기겠지요? 다시 하나만 남기고 다른 중성자를 없애면 핵분열 반응은 계속해서 일어나지만 2배, 4배로 급격히 늘어나지는 않아요. 이것이 원자력발전을 가능하게 했답니다.

**연쇄반응을 조절해도 충분한 에너지를 얻을 수 있나요?**

한 번의 핵분열에서는 아주 적은 양의 에너지만 나옵니다. 하지만 계속해서 연쇄반응을 일으킬 수 있다면, 우리가 필요로 하는 정도의 열에너지를 얻을 수 있어요. 물론 더 큰 에너지를 얻으려면 연쇄반응의 속도를 조절함으로써 가능하겠지만, 중요한 것은 안전하게 발전을 계속하는 것이랍니다.

만일 핵분열 과정에서 욕심을 부려 더 많은 에너지를 얻으려고 한다면, 때에 따라서 워낙 빠르게 일어나는 핵분열 반응 때문에 사람들이 조절할 수 없게 될 수도 있지요. 그래서 혹시라도 발전소를 운전하는 사람들이 욕심을 부릴까 염려되어, 연쇄반응의 속도가 빨라지면 자동적으로 원자로를 정지시키는 장치를 넣어 두었기 때문에 안전하답니다.

한꺼번에 많은 에너지를 얻는 것보다는 적당한 양의 열을 오랫동안 안정되게 유지하는 게 훨씬 더 중요해요. 원자력발전을 평화적으로 인류 복지에 활용하게 된 것은 생기는 열을 조절할 수 있는 능력이 생기면서부터랍니다.

# 4 원자력은 안전한가요?

제3벽

제4벽

제5벽

원자로의 벽은 5겹의 방호벽으로 되어 있답니다.

# 원자로도 원자폭탄처럼 폭발하지 않나요?

원자력은 석탄이나 석유보다 훨씬 싼값에 전기를 만들지만
발전소의 크기가 훨씬 크고, 짧은 시간에 많은 에너지를 만들기 때문에
만일 원자력발전소에서 사고가 발생하면 피해가 다른 발전소보다 훨씬 더
커질 수 있는 위험이 있답니다.

**원자력발전소 때문에 걱정해요**
원자력발전소에서 값싸고 많은 전기를 만들 수 있지만, 핵분열이 일어나는 핵연료를 다루고 있으니 핵폭탄처럼 폭발하지 않을까 걱정을 합니다.
또 핵분열이 일어나면서 많은 방사선이 나온다는데, 그렇게 많은 방사선이 우리가 사는 곳으로 나와 생명을 위협하지 않을까도 걱정하지요. 사람들은 방사성 쓰레기

가 지구를 오염시키고 우리 주변에 위협을 주지 않을까 많은 염려를 한답니다.

많은 사람들은 원자력이라 하면 원자폭탄을 먼저 생각하지요. 이것은 원자력을 알고 나서 처음 만든 것이 원자폭탄이고, 그 위력이나 인명 피해가 너무 컸기 때문이랍니다.

원자로의 핵연료나 원자폭탄은 모두 우라늄 같은 핵분열이 가능한 물질을 사용하고 있습니다. 그러나 원자폭탄에서는 두 개의 우라늄 형제 가운데 동생 격인 우라늄-235로 만든 것이고, 원자로에 사용하는 핵연료는 97퍼센트가 형인 우라늄-238로 되어 있답니다.

형인 우라늄-238은 핵분열을 즉시 일으키지 못하는 물질이에요. 형이 더 많이 들어 있으면 오히려 핵분열을 방해한다고 알려져 있지요. 잘 이해가 가지 않나요? 한 번 이런 실험을 해 볼까요?

## 원자로의 안전장치

성냥을 하나씩 켜면 조금 타다가 곧 사그라진답니다. 그러나 성냥갑에 잔뜩 성냥을 넣고 불을 붙이면 큰불이 일어나지요. 이렇게 한꺼번에 타는 성냥불은 잘 꺼지지도 않고, 심한 경우에는 다른 곳에 옮겨 붙어 더 큰불이 일어날 수도 있어요. 원자로의 핵연료는 성냥 한 개 한 개가 띄엄띄엄 놓여 있는 것과 같고, 원자폭탄은 모든 성냥이 한군데 모여 있는 것과 같답니다.

또 원자로에는 성냥 사이에 서로 불이 옮겨 붙지 않도록 막아 주는 칸막이가 있기도 하고, 불이 일어나는 정도를 감시하면서 혹시라도 불길이 솟으면 바로 끄는 장치도 있지요. 그러니까 원자로가 폭탄처럼 순식간에 폭발한다는 것은 상상하기 어렵답니다.

### 우라늄의 두 형제

우라늄에는 143개의 중성자와 92개의 양성자를 가진 우라늄-235와 146개의 중성자와 92개의 양성자를 갖고 있는 우라늄-238이 있답니다. 우라늄-235는 원자로나 핵무기에 쓰이는 우라늄의 방사성동위원소예요. 235는 동위원소의 질량수를 나타내는데, 질량수는 원자핵에 들어 있는 중성자 수와 양성자 수를 합한 개수입니다. 우라늄-235는 자연에서 광물로 나오고, 우라늄-238 등이 같이 섞여 있답니다. 우라늄-235의 원자핵은 오랫동안 알파 입자의 형태로 고에너지 방사선을 내놓으면서 붕괴하지요. 우라늄-235의 반감기는 7억 년이나 된답니다.

# 방사선을 막을 수 있나요?

핵분열이 일어나면 방사선이 아주 많이 나올 수 있답니다. 핵분열은 우라늄 원자핵이 두 개로 갈라지는 것이므로, 그 과정에서 쪼개지는 대부분의 작은 핵들은 흥분 상태에 놓이지요. 흥분된 핵들은 안정된 상태로 가기 위해서 불필요한 알갱이나 에너지를 쏟아 내는데, 이것이 방사선이랍니다. 핵분열할 때 발생되는 방사선의 양은 너무 많아서 만일 그대로 밖으로 쏟아져 나온다면 큰일이지요. 그래서 원자로에는 이런 많은 양의 방사선을 막을 수 있는 장치들이 여러 겹 있답니다.

**칸막이로 방사선을 차단해요!**

방사선을 내는 물질을 '방사성동위원소'라고 해요. 방사선은 주로 이런 방사성동위원소에서 나오는데, 전구처럼 빛을 내는 물체와 비슷하다고 생각하면 되지요. 전구는 빛을 내놓지만 전구에서 나오는 빛은 사방을 비춰요. 보통 빛과 빛을 만드는 물체는 다르답니다.

빛은 한번 나오면 막기 어렵지만 빛을 내는 물체는 잡아 둘 수 있어요. 방사선도 나오면 막기 어렵지만, 방사선을 내는 물질은 잡을 수가 있다는 말이지요. 핵연료에서 핵분열이 일어나도 쪼개진 작은 핵들은 핵연료 안에 가둘 수 있답니다.

쪼개진 핵들은 비록 우라늄 핵보다는 작지만, 그래도 상당히 무겁고 큰 조각이라서 멀리 달아나기 어려워요. 그래서 핵연료라는 작은 공간에도 충분히 잡아 둘 수 있지요. 빛과 같은 방사선은 잡아 두기 어렵지만 그 빛을 내는 방사성물질을 잡아 둘 수 있다면, 이제는 빛만 막는 일만 남은 셈이랍니다.

빛을 막는 방법은 빛을 잘 흡수하는 물질로 막을 수 있겠지요? 예를 들어 두꺼운 천으로 덮거나 칸막이를 해서 빛을 차단할 수 있답니다. 마찬가지로 방사선도 일종의 빛이라고 생각한다면, 방사선이 밖으로 나오지 못하게 칸막이를 해서 막을 수 있겠지요? 원자로 안에는 이런 칸막이들을 두껍게 또 여러 겹으로 세워서 방사선이 밖으로 나오는 것을 막고 있답니다.

## 가스가 새어 나오는 것은 어떻게 막나요?

원자핵이 쪼개질 때 가스도 나와요. 이런 가스는 핵연료 표면을 통해 새어 나올 수 있어요. 핵연료를 벗어 나오는 가스를 막기 위해 핵연료에 금속껍질을 둘러 씌우는데, 이것을 '피복재'라고 한답니다. 이 금속을 핵연료를 씌우고 있는 포장이라고 생각하면 이해하기 쉽지요.

모든 핵연료는 작은 가스도 통과하지 못할 정도로 단단한 금속껍질을 가지고 있답니다. 이런 껍질을 포함한 핵연료를 '핵연료봉'이라고 하지요. 핵연료봉이 부서지지 않는다면 방사선을 내는 물질들은 전부 핵연료봉 안에 갇히는 셈이랍니다.

### 껍질이 깨지면 방사성물질이 어떻게 돼요?

만일 핵연료봉이 깨지면 방사성물질들이 핵연료 밖으로 나올 수 있습니다. 핵연료봉을 벗어나 밖으로 나온 방사성물질들은 물을 만나게 되는데, 바로 그 물이 방사성물질들을 더 이상 밖으로 나가지 못하게 막는 역할을 하지요. 원자로 속에 있는 물의 양은 엄청나게 많답니다. 핵분열이 일어날 때 나오는 뜨거운 열을 식혀야 하므로 물이 많은 것이랍니다. 이 물은 방사성물질이 마음대로 움직이지 못하도록 막아 주기도 하지요.

원자로의 물은 큰 통 속에 갇힌 채 그 안의 일정한 통로를 따라 흐르고 있어요. 물이 흐르는 큰 통은 사방이 모두 막혀 있어 방사성물질이 이 통을 벗어나지 못한답니다.

### 물통을 벗어나면 어떻게 되나요?

만일 물통의 일부가 새어 방사성물질이 밖으로 나오면 어떻게 될까요? 물통도 금속으로 만들어져 샐 수도 있고 깨질 수도 있어요. 그러나 큰 염려는 하지 않아도 돼요. 이런 경우를 대비해서 밖에 큰 원통형 건물 벽이 있답니다. 이 건물 벽은 두께가 1m 보다 두껍고, 튼튼한 철근콘크리트로 만들어졌습니다. 높이는 50m에 이르고, 내부의 직경도 40m가 넘는 큰 건물이지요. 이 건물을 '격납건물'이라고 한답니다. 격납건물 안에는 원자로와 물통 외에도 또 다른 작업을 위한 많은 공간이 있지요.

방사성물질이 물통을 벗어나 새어 나오더라도 건물 벽만큼은 절대 뚫고 나갈 수 없어요. 그래서 이 건물 벽은 바깥 세상과 완전히 분리된 공간이라고 할 수 있답니다. 이렇게 여러 겹의 방어벽을 가지고 있으니, 원자로 안에서 큰 사고가 발생해도 우리가 살고 있는 곳에 방사성물질이 나오기는 쉽지 않겠지요?

원자력 쓰레기를 보관하는 건물은 진도 8도 이상의 강진도 견딜 수 있고, 강한 폭탄에도 끄떡없도록 지었답니다.

### 방사선은 빛인데 완전하게 막을 수 있나요?

아무리 두꺼운 천으로 전구를 둘러싸도 빛이 새 나올 수 있지요. 빛은 조그만 틈만 보여도 뚫고 나올 수 있거든요. 방사선도 빛과 같은 성질을 가지고 있다면 틈을 통해 나올 수도 있겠지요. 그러나 방사선은 알갱이 종류와 에너지를 가진 것으로 구분된다는 것을 기억하고 있지요? 알갱이로 된 방사선은 쉽게 막을 수 있지만 전자파나 빛의 성질을 가진 에너지로 된 방사선은 에너지 크기에 따라 멀리까지 나갈 수 있어요.

방사선이 어떤 물질을 통과하면 갖고 있던 에너지 일부를 잃게 된답니다. 그러므로 이런 강한 방사선을 막는 가장 좋은 방법은 에너지를 많이 잃게 하는 물질로 막는 게 효과적이랍니다.

감마선 같은 방사선은 철판에 약해요. 그래서 원자로 안에는 두꺼운 철판으로 만든 벽들을 많이 넣어 대비를 한답니다. 제일 밖에 있는 건물 벽이 철근콘크리트로 만들어졌다고 했지요? 그 이유가 바로 이런 강한 감마선을 막기 위한 것이랍니다.

### 격납건물 밖으로 새어 나온 방사선

혹시라도 방사선 또는 방사성물질이 격납건물 밖으로 새어 나온 경우는 없나요? 아무리 튼튼하게 건물 벽을 만들었어도 사람이 만든 것인데 실수할 수도 있잖아요? 사람들의 이런 걱정 때문에 건물 밖에 여러 개의 방사선 측정장치를 달아 항상 확인을 하고 있어요. 우리나라에서 가장 오래 운전한 고리 원자력발전소에도 이런 측정장치가 달려 있답니다. 우리나라에는 발전소에서 아주 가까운 지역뿐만 아니라 좀 떨어진 주변 지역에도 이런 감시장치를 두고 항상 방사선 양을 측정하고 있지요. 다행스러운 것은 아직 한번도 자연방사선 수치를 넘는 숫자는 보지 못했다는 것입니다.

### 자연방사선 수치와 피폭량 단위

자연방사성원소로부터 방출되는 알파, 베타, 감마선들과 우주선 그리고 우주선에 의해서 만들어지는 방사성물질, 지표와 건축물들의 재료 속에 들어 있는 방사성물질, 공기와 음식물 속에 들어 있는 방사성물질 등을 말합니다. 일반사람들의 방사선 허용 수치는 1년에 약 5mSv인데, 이 중에서 우주선, 토양 방사선, 건축 자재에서 나오는 자연방사선이 2.5mSv이고, X레이를 한 번 찍을 때 받는 양이 1mSv정도랍니다.
방사선이 사람들의 몸에 흡수된 피폭량의 단위에는 시버트(Sv)와 렘(rem)이 있는데, 1Sv는 100rem과 같습니다. 1Sv=1000mSv=100rem=100000mrem

# 원자력발전에서 나온 쓰레기

우리 몸은 먹은 음식물 가운데 필요한 영양분을 섭취하고 나머지는 몸 밖으로 내보내지요. 모든 살아 있는 동물들도 이같은 일을 매일 반복한답니다. 이것은 몸에 불필요한 찌꺼기가 쌓이면 독이 되기 때문이지요. 사람들은 배설할 때 화장실에 가지만, 개나 소 같은 동물들은 아무 데나 배설을 해요.
원자력발전소에서 나오는 쓰레기는 어디에 버릴까요?

### 방사성 쓰레기가 뭐예요?

우리가 사는 집에서도 많은 생활 쓰레기가 생기지요. 음식물을 싸고 있던 포장지, 음식물 찌꺼기 등 집에서 버리는 쓰레기는 더럽기는 하지만 위험하지는 않답니다. 석탄을 태우면 재가 생겨요. 원자력발전에서는 석탄처럼 재가 생기지는 않지만, 핵연료에서 필요한 부분을 쓰고 나면, 그 나머지는 버려야 된답니다.
원자력발전소에서 버리는 쓰레기는 간혹 위험한 방사성물질이 포함되어 있는 경우도 있답니다. 만일 이런 위험한 물질이 밖에 버려진다면 매우 위험하겠지요? 그래서 다 쓰고 난 핵연료를 함부로 버리면 큰일나요. 핵연료는 아주 까다롭게 다루고 안전하게 보관했다가 버려야 한답니다.
그런데 사람들은 원자력발전소에서 나오는 쓰레기가 모두 핵연료처럼 위험하다고 생각하고 있어요. 사실 원자력발전소에서 나오는 많은 양의 쓰레기는 핵연료가 아니랍니다. 대부분은 생활 쓰레기이지요.

### 출입도 엄격히 관리해요

발전소를 관리하는 사람들은 원자력발전소를 출입할 때, 혹시 방사성물질이 묻을까 봐 머리에 가벼운 비닐 모자를 쓰고 손에 장갑을 껴야 해요. 일을 마친 뒤에는 모자나 장갑은 반드시 버려야 한답니다. 그리고 원자력발전소도 가끔 청소를 해야 깨끗하겠지요? 청소하는 데 사용한 물도 함부로 버리면 안된답니다. 혹시 그 속에 방사성물질이 섞여 있을 수 있기 때문이지요.

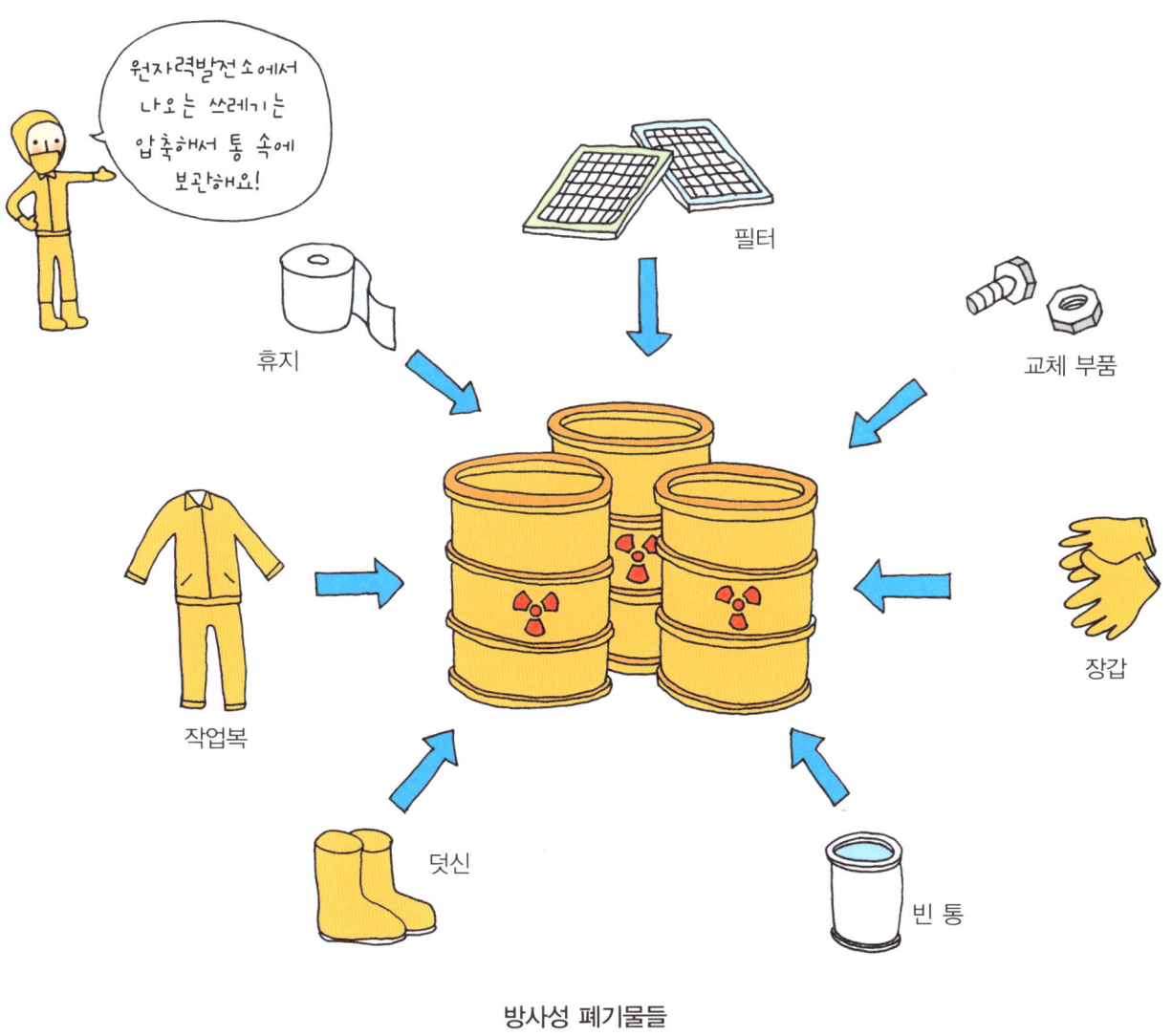

방사성 폐기물들

 사람들이 원자력발전소에 들어가서 검사를 하거나 청소한 다음에는 반드시 정밀하게 방사성물질이 묻어 있는지 조사를 한답니다. 일을 마치고 나올 때에는 출입문에 방사선을 측정하는 기계가 있어 방사성물질이 묻어 있는지 자세히 검사를 해요. 만일 일을 하다 조금이라도 방사선을 쐬게 되면 공기로 샤워를 하기도 하고, 심하면 별도로 격리하여 조사를 받기도 하지요. 이렇게 원자력발전소의 관리는 엄격하게 하고 있답니다.

# 방사성쓰레기는 위험한가요?

원자력발전소에서 나오는 많은 쓰레기들은 위험한 것이 아니랍니다. 사람들이 쓰고 있던 모자나 장갑들은 출입하는 사람들의 안전을 위해 썼던 것이지만 거의 방사선에 노출되지는 않아요.

### 쓰레기를 압축해서 통 속에 보관해요

원자력발전소에서 일하는 사람들은 일을 마치면 모자나 장갑 등의 쓰레기들을 한

곳에 모았다가 나중에 한꺼번에 버려요. 나올 때 철저히 검사해서 문제가 없는 경우에만 한곳에 모으고, 만일 방사성물질이 조금이라도 묻어 있으면 따로 분리하여 보관하지요. 방사성물질이 묻어 나오는 경우는 극히 적지만, 만약 묻어 있으면 깨끗이 세탁하여 별도로 보관한답니다.

아무리 방사성물질이 묻어 있지 않더라도 발전소 밖으로 내보내는 것은 허락하지 않는답니다. 그러다 보니 양이 아주 많아지겠지요? 또 발전소에 출입하는 사람들이 많을수록 그 양은 더 많아지겠지요? 쓰레기 양이 너무 많아지니까 보관하기 어려워진답니다.

그래서 원자력발전소에서는 문제가 없는 쓰레기들을 보관하기 위해 기계로 압축해서 부피를 줄인 다음에 쇠로 만든 통 속에 넣어 보관하지요. 조금이라도 방사성물질이 묻어 있는 것들은 별도로 깨끗이 세탁한 뒤 압축해서 보관한답니다. 압축한 다음에 다시 검사하여 방사선 수치를 잰 다음에야 안전한 것을 확인하고 보관할 수 있지요. 그러니까 이런 압축된 쓰레기는 충분히 안전하답니다.

## 핵연료는 쓰고 나서 찬물 속에서 식혀요

그러나 핵연료는 다릅니다. 핵연료는 핵분열을 일으킨 물질이라 방사성물질이 많이 있답니다. 방사성물질이 많이 있기 때문에 사용한 핵연료는 아주 위험할 수 있지요. 원자력발전소에서는 일 년에 한 번 정도 사용한 핵연료를 원자로에서 꺼내는데, 핵연료는 보관하는 방법이 아주 다르지요.

다 쓴 핵연료는 원자로에서 꺼내 밀폐된 통로를 통해 물이 담긴 큰 수조로 옮겨져요. 이 수조는 10m 정도로 깊은 수영장 같은 모양인데, 이 물속에 적어도 5년 이상 넣어 둔답니다. 이렇게 물속에 넣어 두는 이유는 핵연료가 너무 뜨겁고, 방사성물질이 많이 들어 있기 때문이지요. 찬 물속에 핵연료를 넣어 두면 식겠지요? 5년이면 핵연료는 충분히 식고, 방사성물질도 사라진답니다.

우리나라에서는 실제로 핵연료를 30년 이상 물속에 넣어 두고 있지요. 이것은 사용한 핵연료를 보관할 장소를 구하지 못했기 때문이에요. 충분히 안전하다고 생각하지만, 그래도 발전소 밖으로 그냥 내보내지는 않는답니다. 한곳에 모아 300년 이상

안전하게 보관할 장소를 구해 후손들에게 피해를 주지 않도록 해야 하기 때문이랍니다.

### 원자력쓰레기가 다 위험하지는 않아요

원자력발전소에서 나온 쓰레기가 다 위험한 것은 아니라는 것을 알겠지요? 핵연료를 제외한 나머지는 양이 너무 많아 보관할 장소가 필요한 것이고, 사용한 핵연료는 철저히 관리할 장소가 필요한 것이랍니다. 마치 우리 생활 쓰레기를 분리해서 버리는 것과 같은 원리라고 할 수 있지요.

경주 지역 가까이에서 나온 원자력쓰레기들은 처리할 장소가 정해져서, 그곳에서 문제가 없는 쓰레기는 부피를 줄이거나 태워 없앨 예정이랍니다. 하지만 아직 우리나라에서는 사용한 핵연료를 처리할 장소를 구하지 못해 안타까운 실정이랍니다.

### 300년 이상 보관해요

300년이라면 여러분의 손자의 손자의 10번째 손자가 살게 될 시간이지요. 이렇게 오랫동안 쓰레기를 안전하게 보관하는 게 목표랍니다. 이렇게 오랫동안 보관하는 이유는 어떤 방사성물질도 밖으로 나오지 못하게 하려는 것이지요. 비록 지금 안전하게 보관한다고 해도 혹시라도 일부의 방사성물질이 밖으로 새어 나와 후손들에게 피해를 주면 안되기 때문이랍니다. 이렇게 하려면 땅속에 든든한 저장고를 만들어야 하지요. 300년을 견딜 수 있도록 견고하게 만들어야겠지요? 지하에 깊은 동굴을 만들어 보관하는 방법도 있지만, 혹시 지하수가 흘러 통을 부식시킬 수도 있다는 문제점이 있어요. 그래서 지하에 튼튼한 건물을 만들어서 보관하는 방법도 생각하고 있답니다.

원자력발전은 우리에게 큰 도움을 주고 있지만, 혹시라도 쓰레기 때문에 피해를 줄 수 있다면 안 되겠지요? 당장 우리에게 피해를 주지 않더라도 나중에 우리 후손들에게 피해를 주지 않도록 쓰레기를 잘 처리해야 한답니다.

# 5 방사선은 무서운가요?

# 방사선이 뭐예요?

여러분은 화가 나면 흥분하지요? 때때로 옆에서 윽박지르거나 듣기 싫은 소리를 하면 흥분하게 되고 화가 나지요?
그러나 사람들은 흥분한 상태로 오래 있을 수는 없지요. 어떻게든 분을 삭이고 원래 모습으로 돌아가게 됩니다. 다만 화를 푸는 방법이 사람마다 다르답니다.

### 원자도 흥분하면 화를 내요

어떤 사람은 화가 나도 꾹 참고 겉으로 드러내지 않지만 대부분 화가 나면 욕을 하거나 소리를 질러 화풀이를 하지요. 또 성질이 급한 사람은 주먹을 휘두르거나 심한 경우에는 옆에 있는 물건을 던지기도 해요.
사람마다 화을 삭이는 방법은 다르지만, 모든 게 어떤 수단을 통해 흥분된 상태를 밖으로 내뱉음으로써 화를 푸는 방법이랍니다. 화를 풀어야 원래 모습으로 되돌아갈 수 있는 것이지요.
원자도 화를 낸답니다. 자연에 있는 원자들은 보통 때는 조용한 상태랍니다. 그러나 원자에 어떤 충격을 주면 원자는 흥분하게 된답니다. 이렇게 흥분한 원자들은 곧 무언가를 내뱉어서 원래 상태로 돌아가려고 합니다.
그러기 위해서 원자도 흥분한 에너지를 내놓는데, 이때 에너지는 여러 가지 다른 모습으로 나오게 되지요. 어떤 때는 내부에 있던 알갱이를 내놓기도 하고, 어떤 때는 에너지 상태로 나오기도 한답니다. 이렇게 흥분된 상태에서 원래 모습으로 되돌아가기 위해서 내놓

는 모든 것을 우리는 방사선이라고 부릅니다.

### 뢴트겐과 X선 사진

사람이 화를 푸는 방법이 여러 가지이듯 원자도 화를 푸는 방법이 아주 다르답니다. 흥분한 원자가 알갱이를 내보내는 경우에 그것이 전자

> **빌헬름 뢴트겐(1845~1923년)**
> 독일 물리학자로 1895년 11월 8일, 요즈음 X선 또는 '뢴트겐선'이라는 파장이 짧은 전자기파를 발견했으며, 1901년 X선 발견으로 최초의 노벨 물리학상을 받았습니다.

나 양성자, 중성자가 되기도 하고 다른 가벼운 원소 등 여러 종류의 알갱이를 내놓기도 합니다. 에너지를 내놓는 경우에도 전자파가 나오기도 하고 그냥 빛 같은 게 나오는 때도 있지요. 여기서 빛이라 하는 것은 햇빛과는 약간 다른 감마선이나 엑스(X)선 등을 말합니다.

**엑스선의 발견**

엑스선을 처음 발견한 것은 독일의 과학자 뢴트겐입니다. 뢴트겐 박사는 유리관 속의 공기를 빼 진공 상태로 만든 뒤, 양(+)극과 음(-)극을 놓고 전기를 흘려보내는 실험을 하던 중에 이상한 현상을 발견했답니다.

> **퀴리 부인(1867~1934년)과 라듐**
> 폴란드의 과학자인 마리 퀴리 부인은 라듐이 눈에 보이지 않는 빛을 내보내는 것을 발견했답니다. 약간 불안정한 라듐이 내보내는 이 빛이 뢴트겐이 발견한 엑스선이라는 것을 알게 되었고, 이 엑스선에 방사선이라고 이름을 붙였답니다.

유리관은 검은 종이로 덮여 있었는데, 가까이 있던 형광판 하나가 스스로 빛을 내고 있는 것을 보게 된 것이죠. 이상하게 생각한 뢴트겐은 형광판에 손을 대 보았는데 손의 뼈 부분만 사진이 찍히는 것을 발견했답니다. 그는 검은 종이를 뚫고 나온 게 사진을 찍듯이 *인화지에 사물의 모양을 찍게 한다고 생각했지요. 사진은 보이는 물체를 그대로 나타내는데, 이 형광판의 빛은 겉모습보다는 손의 뼈처럼 속 모습까지 찍는 것을 보고 이 빛을 잘 모르겠다는 의미로 수학에서 '모른다'는 뜻으로 쓰는 엑스(X)에서 이름을 따서 엑스선이라고 이름을 붙였답니다.

> **무슨 뜻이에요?**
> *인화지 : 사진을 인화하기 위한 특수한 종이를 말해요.

## 방사선은 무서운 것인가요?

방사선은 여러 종류가 있답니다. 크게 나누어 보면 알갱이를 내놓는 입자 형태의 방사선과 빛이나 전자파를 내놓는 에너지 형태의 방사선이 있어요. 입자 형태의 방사선을 종합해 보면 알파선, 베타선, 중성자선 등이 있고, 에너지 형태의 방사선으로는 감마선, 엑스선 등이 있답니다.

**방사선의 종류**

방사선의 속을 들여다보면, 전부 원자를 구성하는 기본 알갱이들로 되어 있지요. 알파선은 원소 중에서 두 번째로 가벼운 헬륨의 원자핵처럼 양성자 2개와 중성자 2개를 가진 알맹이가 나오는 것입니다. 베타선은 전자나 양전자를 내놓는 형태이며, 중성자선은 글자 그대로 중성자들이 나오는 것을 말하지요.

모든 방사선은 원자가 흥분한 상태에서 원래 모습으로 돌아가기 위해서 내놓는 것이라고 했지요? 그러니까 원래의 원자를 흥분하게 만든 에너지만큼만 내놓아야 원래대로 돌아갈 수 있다는 말이에요. 흥분을 많이 시킬 정도로 외부에서 많은 에너지를 흡수했다면, 내놓는 에너지 양도 많아지겠지요?

흥분한 상태가 원래보다 얼마나 심한 상태인가에 따라서 내뱉는 알갱이나 에너지의 종류, 질량과도 깊은 관계를 갖게 됩니다. 전자 같은 가벼운 알갱이들은 빠른 속도로 나오는 경우가 많지만 워낙 질량이 가볍기 때문에 전체적으로는 큰 에너지를 갖지는 못해요. 반면에 무거운 알갱이들은 큰 에너지를 갖고 있지만 원자 밖으로 나오면 멀리 움직이지 못하고 곧 정지하지요.

> **앙리 베크렐(1852~1908년)**
> 프랑스의 물리학자로 방사선을 발견한 공로로 1903년 노벨 물리학상을 받았습니다. 1896년 우라늄염의 형광 현상을 연구하던 중 방사선(알파선)이 우라늄에서 나와서 사진 건판을 변화시키는 현상을 발견했답니다. 피에르 퀴리, 마리 퀴리와 함께 1903년 노벨 물리학상을 수상했지요. 방사능 단위 베크렐(Bq)은 앙리 베크렐에서 따왔답니다.

### 종이 한 장도 못 뚫는 알파선

알파선은 덩치가 크고 무겁지만 종이 한 장도 뚫

을 수 없답니다. 그러나 짧은 거리에서 만나는 물질에게 많은 에너지를 줄 수 있어요.

베타선은 알파선에 비해 무게가 8천 배 작지요. 그러나 속도가 빨라 투과력은 알파선보다 매우 크답니다. 공기 중에서 몇 미터까지도 날을 수 있지요. 또한 베타선은 양전기나 음전기를 가지고 날기 때문에, 날아가는 동안에 반대 전기를 만나면 없어지는 특성도 있답니다.

중성자선은 전기 성분도 없고, 무게도 알맞게 무거워 투과하는 힘이 매우 크지요. 이에 비해 에너지 형태를 가진 방사선들은 빛과 비슷한 성질이 있답니다. 그래서 이런 것들을 전자파라고도 하는데, 햇빛이나 텔레비전 방송에 사용되는 전파라고 생각하면 됩니다. 그래서 감마선이나 엑스선은 빛처럼 공간을 타고 멀리까지 퍼질

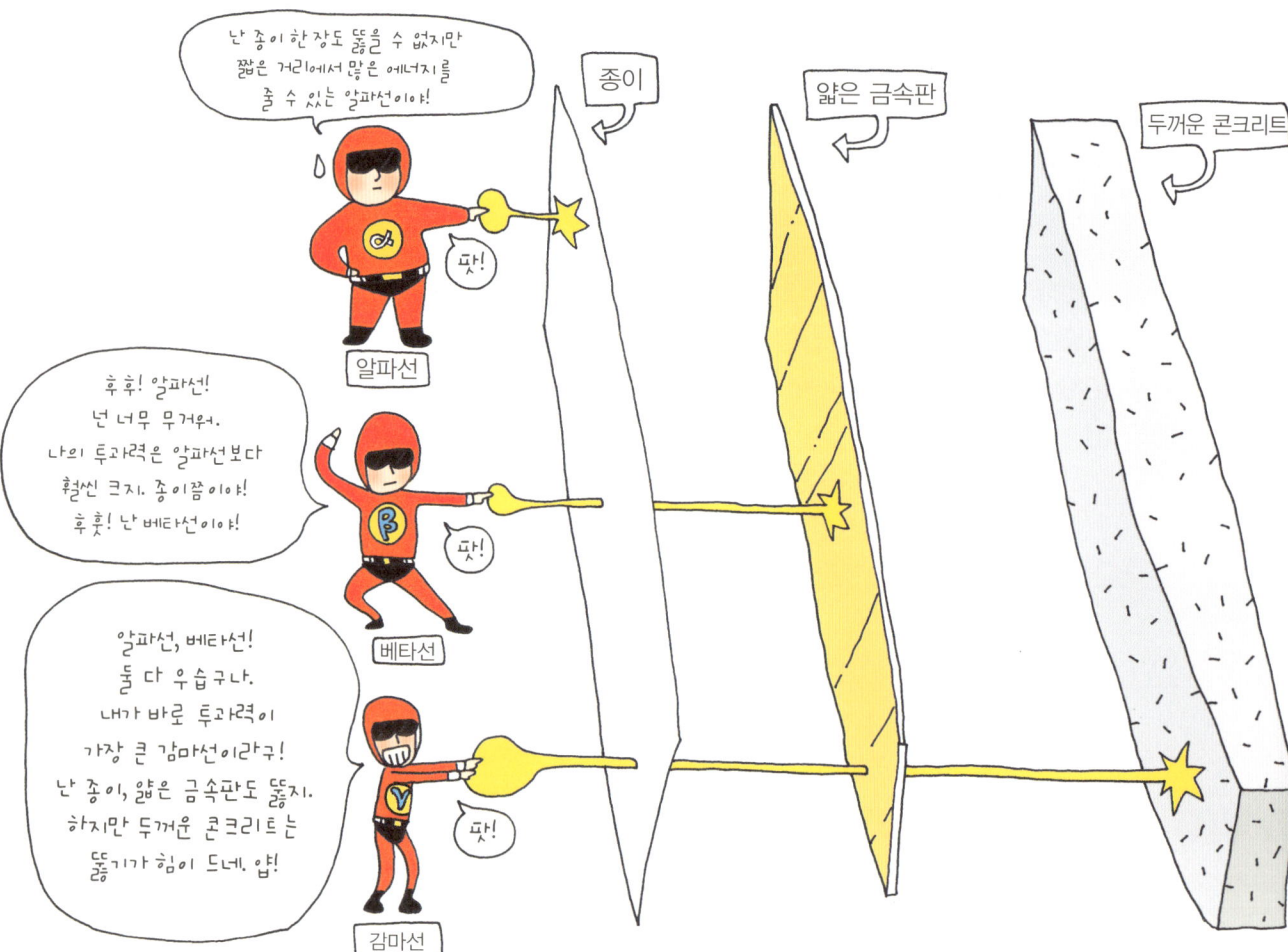

수 있지요. 에너지 양이 많으면 많을수록 투과력이 커지고 멀리 전파될 수 있는 거랍니다.

방사선이 얼마나 위험한가는 방사선의 종류와도 관계가 있지만, 방사선이 갖고 있는 에너지 양에 따라 결정되기도 합니다. 에너지가 많은 방사선은 그만큼 멀리 이동하고 투과력도 크지만, 에너지가 적은 방사선은 멀리 가지도 못하고 두꺼운 물체를 뚫지도 못합니다.

### 위험한 감마선과 엑스선

탁구공같이 가벼운 공으로 맞으면 별로 아프지 않지만, 야구공이라면 상당히 아프고 부상을 당할 수도 있어요. 이런 것들은 물론 위험하겠지요? 방사선의 종류에도 탁구공처럼 가벼운 베타선이 있는가 하면, 야구공처럼 무거운 알파선이나 중성자선도 있지요. 그러나 다행히 무거운 알파선은 멀리 날지 못하기 때문에 큰 위협을 주지는 않는답니다.

가장 위험한 방사선은 에너지가 큰 감마선과 엑스선이에요. 감마선이나 엑스선 같은 방사선은 우리 몸속 깊숙이 뚫고 들어갈 정도로 투과력이 강하답니다. 이런 방사선들이 원자로 밖으로 나온다면 매우 위험하겠지요? 그래서 원자로에는 이런 강한 방사선들이 밖으로 나오지 못하도록 철저히 막는 벽들을 많이 설치하는 것이랍니다.

### 우주에 떠다니는 원소들

우주는 약 150억 년 전에 빅뱅이라고 불리는 대폭발이 있었다고 합니다. 이 폭발에 의해 우주에 있는 별들이 생겼지요. 그 뒤에 우주는 때로는 팽창하고 때로는 급속히 식기도 하면서 여러 가지 다른 물질들을 만들어 냈어요.

이렇게 은하계가 생겼다고 지금까지 알려져 왔습니다. 별들은 서로 합해져서 새로운 별이 탄생하기도 하고 또는 폭발해서 없어지기도 했는데, 이런 과정은 한번 일어나고 그치는 게 아니라 반복해서 일어납니다. 이렇게 폭발도 하고 없어지는 과정에서 새로운 원소들이 만들어지고, 이런 원소들이 우주 공간을 떠다니고 있지요.

**태양계에도 많은 우주 방사선**

우리가 사는 태양계도 비슷한 과정을 거쳐 만들어진 것이에요. 태양계에 있는 많은 원소들은 밖에서 주는 충격으로 흥분 상태가 계속되었다가 원래대로 돌아가는 것을 되풀이하고 있답니다. 그래서 우주뿐 아니라 태양계에도 방사선들이 나오게 된 것이지요. 이런 방사선을 지구에 있는 원소들이 만들어 내는 방사선과 구분하여 '우주 방사선' 이라고 한답니다.

우주 방사선은 빛의 속도처럼 빠르게 지구 표면에 날아와 땅에 닿기 전에 대부분 사라지지만, 지구의 높은 곳에서는 아직도 이런 우주 방사선을 많이 볼 수 있다고

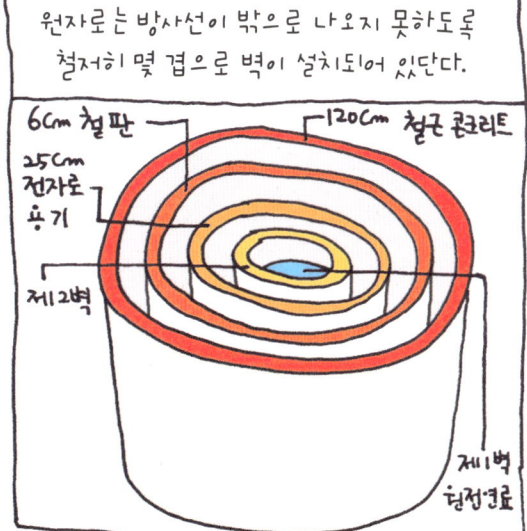

하지요. 남극이나 북극 지방에서 우주 방사선이 많이 발견되고 있고, 에베레스트 산처럼 높은 곳에서도 간혹 우주 방사선이 많이 나오는 경우가 있으니 조심해야 됩니다. 또한 비행기를 타고 먼 지역을 여행하는 경우에도 간혹 우주 방사선을 맞을 수 있다니 조심해야겠지요?

**어니스트 러더퍼드(1871~1937년)**

뉴질랜드의 핵물리학자로 '핵물리학의 아버지'라고 불리는 러더퍼드는 원자와 방사성물질 연구로 1908년 노벨 화학상을 받았습니다. 우라늄 같은 방사성 원소에서 나오는 방사선에 알파선, 베타선, 감마선 3가지가 있음을 밝혔고, 방사성 원자는 변화를 해서 다른 원소가 된다는 것도 알아냈지요.

# 방사선을 만들 수도 있나요?

요즈음 자연에 있는 원소들은 몸에 해를 끼치는 방사선을 거의 내보내지 않아요. 그러나 수명이 긴 방사성물질들이 아직도 많이 있어 지구에서도 방사선을 찾아볼 수 있지요. 이렇게 아직 안정되지 못한 원소에서 나오는 방사선을 '자연 방사선'이라고 한답니다.

### 방사선도 물과 공기 같은 구성물이에요

방사선도 물이나 공기처럼 세상을 구성하는 물질 가운데 하나라고 볼 수 있지요. 원소가 안정되지 않은 상태로 남아 있는 물질들은 자연 방사선을 계속해서 내놓고 있어요.

방사선은 태양에서도 나오고, 우리가 살고 있는 땅에서도 나오지요. 우리가 먹는 음식물에서도 방사선이 나온답니다. 방사선은 다른 게 아니라 원자들이 흥분된 상태에 있다면 항상 나올 수 있기 때문이지요.

### 일부러 만들어 낸 방사선

이런 자연 방사선과는 달리 사람들이 만들어 내는 방사선도 있답니다. 텔레비전은 화면을 *전송하여 그림을 되살리는 것입니다. 텔레비전 속에 있는 벽에는 형광물질이 발라져 있는데, 빛이 형광물질에 부딪치면 전자가 만들어져요. 그림의 형태에 따라 다른 양의 전자파를 만들어 아름다운 형상을 만들게 되는 것이랍니다. 이때 나오는 전자파도 방사선의 일종이지요.

또 가정에서 많이 사용하는 전자레인지는 전기를 흘려 강한 전자파를 만들어 그 열로 음식을 따뜻하게 데우는 것입니다. 대부분 가정에서 사용하는 많은 가전제품들

### 무슨 뜻이에요?

*전송 : 글·사진 등을 전류나 전파를 이용해서 멀리 떨어져 있는 곳까지 보내는 것을 말해요.

에서도 전자파와 같은 방사선이 나온답니다.

병원에서 사람들의 건강을 확인하는 엑스선 검사 장비나 공항에서 위험한 물건들이 있는지를 쉽게 확인하는 검색장치도 방사선의 일종인 엑스선을 이용하는 예이지요. 이렇게 자연에서 만들어지는 게 아니라 사람들이 만들어 사용하는 방사선을 '인공 방사선'이라고 한답니다.

### 인공 방사선은 해롭지 않나요?

인공 방사선은 몸에 나쁜 영향을 끼치지 않는 범위에서 만드는 것이라 강도는 그렇게 세지 않지요. 우리 몸에 미치는 영향이나 특성이 자연 방사선과 크게 다르지 않아요. 방사선은 갖고 있는 에너지 양이 얼마나 큰가에 따라 특성이 달라진답니다.

### 감기약 병은 크게 만들 수 없어요!

여러분은 감기에 걸리거나 기침이 심할 때, 조그만 병에 든 물약을 먹은 적이 있지요? 물약은 몸에 쉽게 흡수되기 때문에 알약보다 효과가 더 크답니다. 그런데 기침이 심하다고 한꺼번에 많은 양을 먹게 되면 큰일납니다. 반드시 의사선생님이 먹

으라고 하는 양만 먹어야 해요. 이것은 감기약이 감기 바이러스를 죽이는 효과도 있지만, 너무 많은 양을 먹으면 다른 부작용이 생기기 때문이랍니다. 머리가 어지러워지기도 하고 심하면 약물에 중독되는 경우도 있지요.

성질이 급한 사람들은 약을 많이 먹으면 더 빨리 낫는 줄 알고 한꺼번에 많은 약을 먹기도 합니다. 기침은 나을지 몰라도 몸에 다른 문제가 생기기 때문에 의사선생님이 알맞은 양을 먹으라고 하는 것이랍니다. 그래도 말을 듣지 않고 한번에 많은 약을 먹는 사람들이 있어 기침약 병을 작게 만든 것이지요.

세상에는 이런 비슷한 경우가 많이 있습니다. 조금만 먹으면 병을 치료하는 좋은 약이 되지만, 지나치게 많이 먹으면 오히려 몸에 해가 되는 것들이 많지요. 아무리 좋은 음식도 알맞게 먹으면 몸에 좋지만, 과식을 하면 배탈이 난답니다.

### 감기 약과 호르메시스 현상

잠이 오지 않아 수면제를 한 알 정도 먹으면 잠이 들지만, 여러 개를 한꺼번에 먹으면 위험할 수 있지요. 이렇게 알맞은 양은 몸에 좋지만 지나치면 해가 되는 것을 '호르메시스' 현상이라고 한답니다.

약이나 음식뿐이 아니에요! 불도 그렇지요? 작은 불은 몸을 따뜻하게 하고 음식을 만드는 데 도움을 주지만, 큰불은 잘못하면 재산을 빼앗고 생명까지 잃게 하지요. 방사선도 마찬가지랍니다. 물체를 투과하는 방사선의 특성을 잘 이용하기만 하면 우리 몸의 병을 진단하기도 하고, 또 암을 치료할 수도 있고, 우리가 먹는 식품을 상하지 않게 처리할 수도 있고, 각종 산업에 유용하게 사용할 수 있답니다. 하지만 방사선을 너무 많이 쪼이면 목숨을 빼앗아 가기도 한답니다.

# 숨어 있는 병을 찾아 주는 방사선

몸이 아파 병원에 가면 의사선생님이 청진기를 귀에 꽂고 몸 상태를 알아보지요? 청진기는 몸속에서 심장이 움직이는 정도나 맥박이 뛰는 횟수를 소리를 통해 알 수 있는 편리한 기구랍니다. 피의 흐름 등 겉으로 보이지 않는 몸속 상태를 듣고 판단할 수 있어 진단에 큰 도움을 준답니다.

### 우리 몸을 사진처럼 찍어요!

하지만 청진기만으로는 알 수 없는 경우도 많지요. 허파(폐)처럼 몸속 깊이 있는 것은 청진기로는 이상을 알 수 없어요. 그래서 의사선생님이 엑스선 촬영을 권한답니다. 엑스선을 가슴에 쪼이면 허파 모양이 사진처럼 보이는데, 그 사진으로 어디에 이상이 있는지 진단할 수 있지요.

이렇게 허파를 찍는 것은 우리가 숨을 쉬는 데 중요한 기관이기 때문이랍니다. 우리 몸에 없어서는 안될 많은 기관들이 있지요. 폐뿐 아니라 간, 신장, 위 그리고 소장과 대장 같은 창자도 있지요. 이런 장기들이 건강하게 있는가 보는 것은 어렵답니다. 그래서 초음파를 이용하거나 카메라가 달린 내시경을 직접 몸속에 넣어 검사를 하지요. 하지만 아직 이런 기기로도 볼 수 없는 곳도 많아요. 특히 뇌 속을 들여다보려면 이런 것들만으로 부족하답니다. 워낙 작은 혈관들이 있기 때문에 잘못하면 혈관이 파

### 핵자기공명장치(MRI: Magnetic Resonance Imaging)

네 겹의 자석으로 둘러싸인 관을 통과하며 몸속을 촬영하는 방법입니다. 자석을 사용하기 때문에 시계나 허리띠 등 금속이 있는 것은 벗어야 하지요. 또한 엑스선 검사나 컴퓨터단층촬영과는 달리 방사선을 사용하지 않고, 몸속을 여러 각도에서 입체적으로 촬영할 수 있는 장점이 있답니다.

손되는 경우도 생기겠지요? 그러나 뇌 속의 혈관들이 부풀어 오르거나 막히면 마비가 올 정도로 위험하기 때문에 '뇌를 검사하는 다른 방법이 없을까?' 하고 많은 연구를 하고 있답니다.

과학이 발전하면서 새로운 기기들을 많이 만들었지요. 특히 '자기공명단층촬영'이라는 방법은 뇌 속의 모든 단면을 볼 수 있는 아주 편리한 장치랍니다.

### 방사선을 이용하는 검사 방법

방사선을 이용해서 몸을 검사하는 새로운 기기들도 많이 있답니다. 예를 들면, 컴퓨터단층촬영(CT)은 보통 엑스선 검사와 비슷한 원리이지만 훨씬 정밀하게 몸속을 보여 주지요. 요즘은 사람들이 암에 걸릴까 봐 걱정을 많이 해요. 암세포는 한번 몸에 들어오면 원래 몸을 구성하고 있던 다른 세포들보다 훨씬 빨리 자라서 정상 세포들이 활동하는 것을 방해해요. 그러니까 암세포는 몸에 들어오면 점점 더 크게 자리를 차지해 정상 세포들의 자리를 밀어내고 기능을 못하게 만드는 위험한 세포랍니다.

> **컴퓨터단층촬영**
> (CT: Computer Tomography)
> 엑스선 검사가 필름을 이용하여 사진을 찍는 카메라와 같다면, 컴퓨터단층촬영은 디지털카메라와 같다고 할 수 있지요. 사람 몸속을 컴퓨터를 통해 볼 수 있도록 만든 것이랍니다. 정밀하게 촬영할 수 있기 때문에 엑스선 검사로 찾지 못했던 많은 질병들을 찾을 수 있게 되었어요. 엑스선 사진은 단순하게 머릿속의 뼈 모양만 보여 줄 수 있지만 컴퓨터단층촬영은 뇌 속의 모든 혈관까지 볼 수 있지요. 이 기기는 뇌 속을 들여다보는 데에도 좋지만, 간이나 신장, 대장, 위 등에서 일어나는 작은 이상까지도 찾아낼 수 있을 정도로 정밀하답니다.

문제는 암세포가 몸에 들어온 것을 쉽게 알지 못한다는 점이지요. 암세포가 커지기 전에 발견할 수 있다면 그 부분만 도려내면 되는데 대부분 사람들은 암세포가 몸에 있다는 사실을 늦게 알게 된답니다. 암세포가 자라는 속도가 빠르고, 상당히 많이 커진 다음에야 몸에 이상이 있다는 것을 느끼기 때문이에요.

그래서 사람들은 많은 연구를 거듭하여 몸속에 암세포가 자라고 있다는 것을 쉽게 알아낼 수 있는 방법을 찾았답니다. 그것은 '양성자방출단층촬영(PET)'이라는 방법인데, 방사선 약물을 몸에 넣어 이 약물이 암세포와 만나면 그 부분에서 방사선을 내놓는 원리를 이용한 것이랍니다. 이때 사용하는 방사선은 아주 적은 양으로 몸에 전혀 해를 주지 않고, 또 얼마 가지 않아 사라지기 때문에 걱정하지 않아도 됩니다. 이런 방법을 이용하면 암세포뿐 아니라 다른 질병까지도 찾을 수 있답니다.

처음 방사선을 발견하는 데 큰 공을 세운 퀴리 부인은 방사선의 위험을 모르고 연구하다가 피부암에 걸려 생명을 잃은 것으로 알려져 있지요. 방사선은 많은 양을 몸에 맞는다면 아주 위험하지만, 몸의 질병을 알기 위해 사용하는 정도의 적은 방사선은 인체에 해를 주지 않아요. 오히려 병을 진단하고 치료하는 데 많은 도움을 준답니다. 방사선을 의학적으로 이용해서 병이 있는 것을 알아내고, 효과적인 치료 방법을 개발하기 위해 세계의 많은 과학자들이 지금도 끊임없이 노력하고 있어요. 여러분도 어른이 되어 생명을 구할 수 있는 연구를 하면 좋겠지요?

### 초기 암을 진단하는 방사선

우리 목 부근에 있는 갑상선이라는 임파샘이 있어요. 몸에 병균이 들어오면 갑상선은 병균과 싸우면서 붓는데, 붓는 정도가 심하면 종양이 되기도 하기 때문에 아주 위험하답니다.
이런 갑상선 질환 말고도 뇌나 심장에 생기는 병, 혈관이 막혀 생기는 병 등을 검사하는 데에도 양성자방출단층촬영 방법을 사용하고 있을 정도로 방사선을 이용한 진단 방법이 많이 개발되어 있답니다. 컴퓨터단층촬영은 암이 상당히 진행된 다음에야 관찰할 수 있는데, 양성자방출단층촬영은 암이 막 생기는 초기에도 발견할 수 있지요.

**수술하는 데 칼이 필요 없어요!**

의사선생님이 수술을 하려면 반드시 수술용 칼이 필요하지요. 몸속의 일부를 도려내야 하는 경우도 있기 때문이에요. 뇌 속에 암이나 종기가 생겨 머리 수술을 하면 큰 흉터가 남는데, 수술 과정만 생각해도 너무 무섭지요.

그런데 요즈음은 칼을 사용하지 않고서 머릿속의 병을 치료할 수 있답니다. 방사선을 사용해서 질병을 치료하는 뇌수술 장비를 개발했기 때문입니다. 세계적으로 뇌 수술에 이 방법을 많이 사용하고 있는데, 이 방법이 칼을 쓰는 것과 같다고 해서 '감마나이프' 라고 하지요.

감마나이프 수술 방법은 큰 암세포를 죽이는 데에는 효과적이랍니다. 그러나 아직 기술이 더 개발되어야 하지요. 감마선이 암세포만 죽이는 게 아니라 건강한 세포까지 같이 죽이는 부작용이 있기 때문이에요.

> ### 칼로 수술하지 않는 감마나이프
> '감마선을 이용한 칼'이라는 뜻으로 원리는 아주 간단해요. 방사선 동위원소인 코발트에서 발생되는 감마선은 파장이 짧고 에너지가 매우 높은 빛의 일종이랍니다. 이 감마선을 뇌 속에 있는 암세포에 쏘여 뇌종양이나 뇌혈관에 있는 나쁜 성분을 죽일 수 있어요. 뇌를 칼로 수술하지 않고도 병을 치료하게 된 것이지요.

### 방사선으로 암을 치료해요

이제는 암을 치료하는 기술이 많이 좋아졌습니다. 돋보기로 햇빛을 모으듯 작은 암세포에만 방사선을 집중해서 쏘이고 암세포만 골라 죽이는 새로운 기술이 개발되었답니다. 암세포가 있는 곳을 평면이 아닌 몸속 입체 모양 그대로 보여 주며 감마선을 쏘일 수 있도록 돋보기 역할을 하는 기구까지 만들었는데, 그 모양이 마치 오토바이를 탈 때 머리에 쓰는 헬멧과 같은 모양이지요.

이 헬멧은 감마선이 통과하는 곳을 정확히 맞추기 위한 것으로, 암세포의 모양에 따라 크기와 방향을 조절할 수 있게 만들었어요. 또한 수술을 받는 환자들이 불안감을 갖지 않도록 편안한 침대에 누워 수술을 받게 만들기도 하고, 감마선을 쏘이는 긴 시간 동안 지루함을 줄여 주기 위해서 환자가 음악을 듣거나 의사와 대화도 가능하게 만들었답니다.

이렇게 새 기술로 정상 세포는 건드리지 않고 암세포만 골라 죽일 수 있게 되었지요. 수술하지 않고 정상 세포는 살리면서 암세포만 죽일 수 있는 방법을 방사선이 찾아낸 것이지요. 암세포가 널리 퍼져 있으면 아직은 일부 정상 세포까지 손상을 시키지만, 점점 기술이 발전하고 있기 때문에 언젠가는 암을 정복할 수 있을 것입니다.

전 방사선의 위험을 모르고 연구했지만, 방사선이 의학적으로 아주 필요하다는 사실을 발견했답니다. 적은 방사선은 우리 몸에 해를 주지 않고 병을 진단하는 데 큰 도움을 준답니다.

# 6 생활에 널리 퍼진 방사선

# 음식 쓰레기와 굶어 죽는 아이들

가끔 뉴스에서 아프리카 지역의 많은 어린아이들이 음식을 먹지 못해 굶어 죽는 것을 본 적이 있지요? 세상에는 이렇게 먹을 게 없어 굶어 죽는 어린이가 600만 명에 달한다고 하니 참 가슴이 아프답니다.

**먹다가 버린 음식 쓰레기가 7조 원이래요!**
우리나라에도 먹을 게 부족해서 배를 곯는 아이들이 있지만, 그래도 대부분의 어린이들이 먹을거리에 대해서 큰 걱정을 하지 않고 잘살고 있지요. 오히려 먹을 게 너무 많아서 버리는 경우도 많이 볼 수 있답니다. 맛이 없다고 버리기도 하고, 배가 불러 남은 음식도 그냥 버리지요. 지금도 굶고 있는 아이들이 이렇게 많은 것을 생각하면 '음식을 버리는 게 죄를 짓는 게 아닌가.' 하는 생각이 들지요? 해마다 모

든 집에서 먹다가 남은 음식 쓰레기를 돈으로 계산하면 7조 원에 달한다니 엄청나지요?

전 세계 인구가 풍족하게 음식물을 먹을 수 있다면 얼마나 좋겠어요? 그러나 우리나라만 해도 먹을 게 충분하지는 않답니다. 지금도 우리가 먹는 식량의 70퍼센트는 외국에서 사 오고 있어요. 다른 산업이 발전하면서 점점 식량을 생산할 수 있는 농지 면적이 줄어들고 환경오염 때문에 생산하는 식량의 양은 갈수록 줄어들고 있어요. 어떻게든 많은 사람들이 골고루 나누어 먹고 굶주리지 않으려면 서로 아끼는 수밖에 없답니다. 음식을 먹을 때는 꼭 먹을 수 있는 만큼만 덜어 먹어서 음식 쓰레기가 나오지 않게 하는 습관을 들여야 합니다.

### 썩어서 버리는 음식도 너무 많아요

식량 생산을 더 늘리기 어렵다면, 생산된 식량만큼은 가장 효과적으로 보관하는 것이 바람직하지요. 실제로 사람들이 생산한 식량 중에서 30퍼센트는 저장하거나 운반할 때 못 쓰게 된답니다. 여러분들이 많이 먹는 우유팩에 보면 반드시 언제까지 먹어야 한다고 날짜가 기록되어 있지요? 특히 어느 기간이 지나면 상하기 쉬운 음식 종류는 모두 먹을 수 있는 기간을 정해 둔답니다. 또한 감자나 양파처럼 오래 보관하면 싹이 나 먹지 못하거나 썩는 음식물도 많지요. 만일 이렇게 못 쓰게 되는 식량의 반만이라도 줄일 수 있다면 지구에서 굶어 죽는 사람들의 수가 많이 줄어들지 않을까요?

식량을 잘 보관하는데 왜 상할까요? 이것은 쥐나 곤충이 먹어 없애기도 하고, 미생물들이 음식물을 부패시키기 때문이지요. 이렇게 사람들이 미처 먹기 전에 못 쓰게 되는 식량을 다 막을 수는 없겠지만, 방사선을 이용한다면 효과적으로 줄일 수 있답니다. 방사선은 음식물을 썩게 하는 미생물들을 죽여 오래 보관해도 썩지 않게 할 수 있고, 감자나 양파의 싹이 나는 것을 막을 수도 있습니다.

### 해로운 식품첨가제

어떤 식품은 쉽게 상해 사람들이 그 식품을 사 먹을 때 이미 변해 있을 수도 있어요. 특히 햄이나 소시지 같은 것은 잘 관리하지 않으면 며칠이 지나 상할 수 있지요. 그래서 식품을 만드는 회사에서는 이렇게 상하기 쉬운 식품에 음식물이 쉽게 변하지 않게 해 주는 *식품첨가제를 섞어 우리 손에 들어올 때까지 변하지 않도록 하기도 합니다.

또한 식품이 더 신선하고 맛있게 보이기 위해 색깔을 밝게 해 주는 *발색제를 넣는 경우도 있어요.

이런 화학물질이 많이 들어 있는 식품은 몸에 해롭답니다. 이런 식품은 미생물을 죽이기 위한 강한 독성을 포함하고 있는데, 이 독성이 우리 몸에도 나쁜 영향을 주는 경우가 있다니 조심해야겠지요?

### 무슨 뜻이에요?

*식품첨가제 : 식료품을 만들 때 영양이나 맛 등을 높이기 위해 넣는 물질이랍니다.
*발색제 : 색을 내기 위해서 첨가하는 물질을 말하지요.

### 방사선을 쪼인 식품

세계보건기구(WHO), 국제식량농업기구(FAO), 미국식품의약국(USFDA), 국제식품안전센터 등의 국제 기구에서 "방사선을 쪼인 식품은 안전하다."고 인정을 했답니다.
가장 효과적인 식품 위생 기술로 인정받은 게 방사선을 쪼여서 식품을 살균하는 '방사선 조사' 기술이랍니다.

## 방사선으로 미생물과 균을 죽여요

식품을 오래 보관하려고 하니 부패가 걱정되고, 부패를 막으려고 첨가물을 넣으면 사람 몸도 해칠 수 있으니 참 어려운 문제랍니다. 많은 사람들이 이런 문제를 해결하려고 노력해 왔지만, 지금까지 가장 안전하고 인체에 해를 주지 않는 기술로 인정받고 있는 게 바로 방사선을 쪼여 미생물이나 균을 죽이는 것이랍니다. 이런 기술은 세계보건기구에서도 인정한 기술이지요.

### 세계보건기구(WHO: World Health Organization)

전 세계 사람들의 보건 상태 향상을 위해 설립된 국제 연합 전문 기구. 1948년에 세워졌으며, 중앙 검역소의 일과 유행병 및 전염병 등의 대책·회원국의 공중 보건 행정 강화 등의 업무를 맡고 있습니다. 본부는 스위스 제네바에 있지요.

# 먹는 음식에 방사선을 쪼여요

식품에 방사선을 쪼이더라도 맛이나 영양 성분은 변하지 않는답니다. 식품을 부패시키는 나쁜 미생물만 죽이는 효과적인 기술이지요. 방사선을 쪼이면 별도로 화학물질을 넣을 필요가 없고, 또 포장을 한 다음에 방사선을 쪼이는 것이므로 처리 과정도 아주 간편해요. 그렇기 때문에 현재 이런 방사선을 쪼여 살균이나 멸균하는 방법이 널리 사용되고 있답니다.

**방사선을 쪼이는 세계 기술**

세계적으로 미국 등 52개의 나라에서 사람들이 먹는 식품에 방사선을 쪼이는 기술을 인정하고 사용하고 있는데, 아직 우리나라에서는 방사선이 위험하다는 생각이 많아 널리 사용되지는 않고 있어요. 우리나라에서는 아직 식품에 방사선을 쪼이는 경우는 극히 드물지만, 일회용 주사기나 의사가 수술할 때 사용하는 고무장갑을 소독하는 데에는 많이 사용하고 있답니다.

**이소연 누나도 방사선에 쪼인 김치를 먹었어요**

이소연 누나는 우리나라 최초로 우주선을 타고 일주일 동안 지구를 돌았어요. 우주 탐사 중에 이소연 누나가 먹을 수 있도록 특별한 김치와 라면을 만들었지요. 이런 우주 식량은 오래 전부터 우주인들에게 널리 사용되고 있습니다. 우주는 지구와는 다른 특수한 공간이라서 우주인들이 먹는 음식물은 방사선으로 처리한 다음에 먹어야 한답니다.

어떤 균은 지구에 있을 때에는 별로 해가 되지 않을 수 있지만, 우주에 가면 활동이 더욱 왕성해지는 경우도 있다고 해요. 그래서 우주인들이 먹는 음식물은 모두 지구에서 방사선으로 균을 죽이는 처리를 해야 하지요. 소연 누나가 가지고 갔던 김치와 라면도 방사선으로 균을 죽인 특수한 음식이었지만, 맛과 영양을 그대로 유지할 수 있었다니 신기하지요?

**백혈병 걸린 아이도 아이스크림을 먹어요**

가끔 병원에 가면 어떤 환자에게는 접근을 못하게 하는 경우가 있어요. 대부분 그런 환자들은 면역력이 떨어져 보통 사람에게는 아무 것도 아닌 세균도 큰 위험이 될 수 있습니다. 그래서 음식물을 먹는 데에도 많은 신경을 써야 해요. 잘못하면 음식물을 통해 감염이 될 수 있기 때문이지요.

예전에는 균을 죽이기 위해 뜨겁게 데워서 먹었기 때문에 아무래도 신선한 음식을

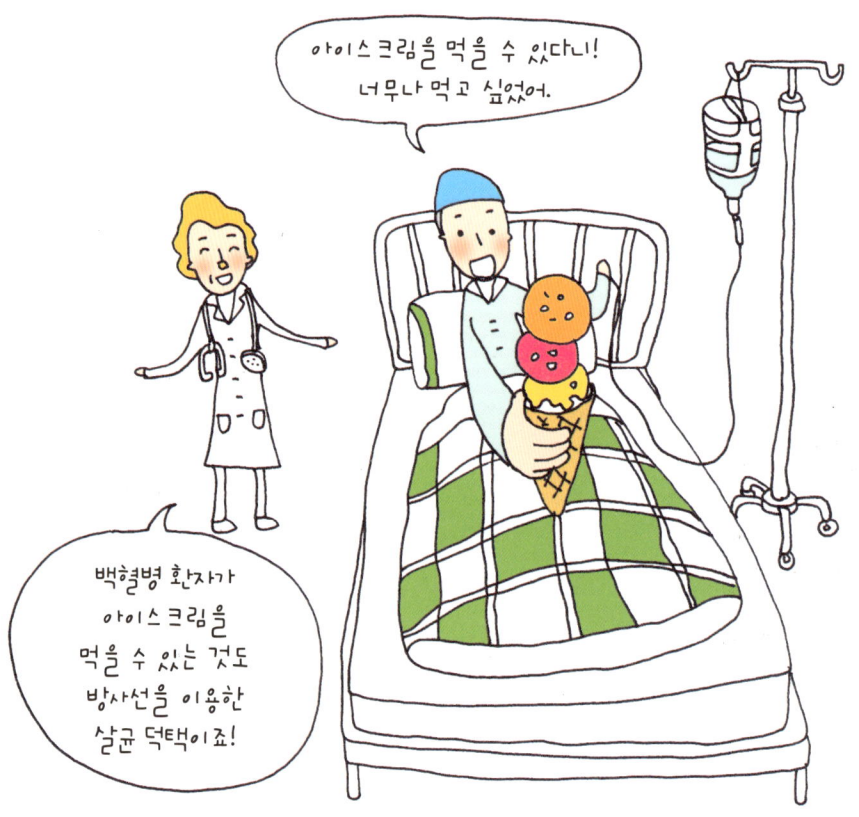

먹기는 어려웠어요. 특히 아이스크림처럼 꽁꽁 얼어 있는 음식은 먹을 수가 없었답니다. 그러나 이제는 이런 환자들도 신선한 과일을 먹을 수 있게 되었지요. 그것은 음식물에 방사선을 쪼여 데우지 않고도 나쁜 균을 없앨 수 있게 되었기 때문입니다. 백혈병에 걸린 아이들이 찬 아이스크림을 먹을 수 있는 것도 바로 방사선을 이용한 살균 덕택이랍니다.

## 병충해에 강한 새로운 볍씨

쌀의 종류가 많아졌어요! 쌀의 종류가 너무 많아 엄마들이 슈퍼마켓에 가면 어떤 것이 좋은지 고르는 데 시간이 많이 걸릴 정도랍니다. 왜 이렇게 쌀의 종류가 많을까요?

쌀농사를 하는 분들은 봄에 씨를 뿌리고 가을에 다 자란 벼를 수확하기까지 고생을 한답니다. 모내기를 한 다음 어느 정도 자라면 잡초를 뽑아 주어야 하고, 논에 물을 대서 잘 자라게 해야 하고, 또 진딧물 등의 병충해를 제거해야 하는 등 많은 일손이 필요하지요. 가끔 농약을 뿌려 벼가 잘 자라게 하기도 해요. 여름에 비가 많이 와서 물에 휩쓸려 벼가 부러지기도 한답니다. 이렇게 많은 고생을 한 뒤에 가을에 누렇게 자란 벼를 보면 그 기쁨이 말로 할 수 없을 정도겠지요?

농사를 짓는 분들에게는 아픔이 아주 많아요. 잡초들이 벼에 공급되는 영양분을 가로챌까 걱정이고, 병균이나 벌레 때문에 벼가 제대로 자라지 못할까 걱정이고, 가뭄이 들면 물이 제대로 공급되지 않아 벼가 자라지 못하니 걱정이고, 홍수가 나면 벼가 큰물에 잠기지 않을까 걱정한답니다. 사람들의 힘으로 막을 수 있는 것은 막으려 노력을 해도 젊고 힘센 청년들이 도시로 가서 일손이 모자라기 때문에 농촌의 걱정은 늘어만 간답니다.

이런 걱정을 방사선이 조금은 덜게 할 수 있답니다. 볍씨에 방사선을 쪼이면 병충해에 강한 볍씨를 만들 수 있어요. 또 홍수에도 허리가 부러지지 않도록 튼튼한 볍씨도 만들 수 있지요. 나쁘고 약한 볍씨를 개량해서 강하게 만드는 기술이 많이 개발되었고, 이런 개량된 볍씨들을 논에 심으면 훨씬 더 많은 수확을 거둘 수 있답니다.

**유전자 개량 식품들**

요즈음은 웰빙이라는 말을 많이 쓰지요. 건강을 중요시하면서, 우리가 먹는 음식 중에서도 건강에 좋은 것을 많이 찾고 있지요? 새로 나온 쌀 중에는 검은색 찹쌀도 있고 엽록소가 풍부한 녹색 찹쌀도 있는데, 이런 것들이 모두 유전자를 개량하여 만들어 낸 특수한 쌀 종류랍니다. 이런 쌀들은 자연재해에 강하고 품질도 우수해서 많이 심고 있어요. 특히 많은 손이 가지 않더라도 기르기 쉽고 잘 자라서 농가 소득을 높일 수 있답니다.

쌀뿐 아니라 다른 작물에도 이런 개량 품종이 많이 있습니다. 감자는 땅 속에서 영양분을 흡수하여 자라는데, 소금기가 많은 땅에서는 잘 자라지 못하지요. 그러나 방사선을 사용하여 개량한 품종은 이런 땅에서도 잘 자랄 수 있답니다. 콩이나 무, 배추도 병충해에 약한 유전자를 개량하여 수확을 높일 수 있게 되었지요.

**꼬마 무궁화**

여러분은 우리나라 꽃이 무엇인지 알고 있지요? 바로 무궁화입니다. 나라꽃인 무궁화는 우리나라 사람이면 다 갖고 싶어 하는 아름다운 꽃이지요. 그러나 무궁화

---

**유전자 변형 작물(GMO: Genetically Modified organism)**

생산을 늘리고 상품의 질을 좋게 하기 위해 본래의 유전자를 변형시킨 농산물들을 GMO식품이라고 합니다. 질병에 강해서 많은 양을 생산할 수 있기 때문에 세계의 식량난을 해결할 수 있다는 장점이 있지만 오랫동안 먹을 경우에는 생태계가 교란되는 등의 환경문제가 발생할 수도 있다는 위험성을 이야기하는 전문가도 있습니다.

프랑켄푸드는 유전자 변형 식물에 대해서 비판적으로 말하는 단어예요. '프랑켄슈타인(Frankenstein)'과 '음식(food)'을 합쳐 새롭게 만들어 낸 말로, 1992년 미국 보스턴 대학교수인 폴 루이스가 영국 〈더 타임스〉에서 처음으로 쓰면서 알려지기 시작했답니다.

미국에서는 이런 GMO식품이 안전하다고 생각하여 슈퍼마켓 진열대의 반 이상을 차지하고 있어요. 그러나 유럽의 환경단체들은 GMO식품을 '프랑켄슈타인 식품'이라고 부르며 일반 사람들도 먹는 것을 피한다고 합니다.

는 키가 상당히 커서 집 안에서는 키우기 어렵답니다.

이런 무궁화 꽃을 집에서도 키울 수 있게 되었지요. 얼마 전에 대전에 있는 한국원자력연구원에서 작고 아담한 무궁화를 만드는 데 성공했답니다. 무궁화 종자에 방사선의 일종인 감마선을 쪼여 작은 아기 정도 키의 무궁화를 만든 것이에요. 무궁화 꽃과 잎 크기도 원래 무궁화의 절반쯤 되어 아담하고 귀엽답니다.

꽃의 색깔도 여러 가지로 만들 수 있어요. 꼬마 무궁화는 원래 분홍색이지만, 방사선 양에 따라 하얀색, 파랑색, 보라색 등 여러 색들로 만들 수 있지요. 이렇게 방사선을 이용하

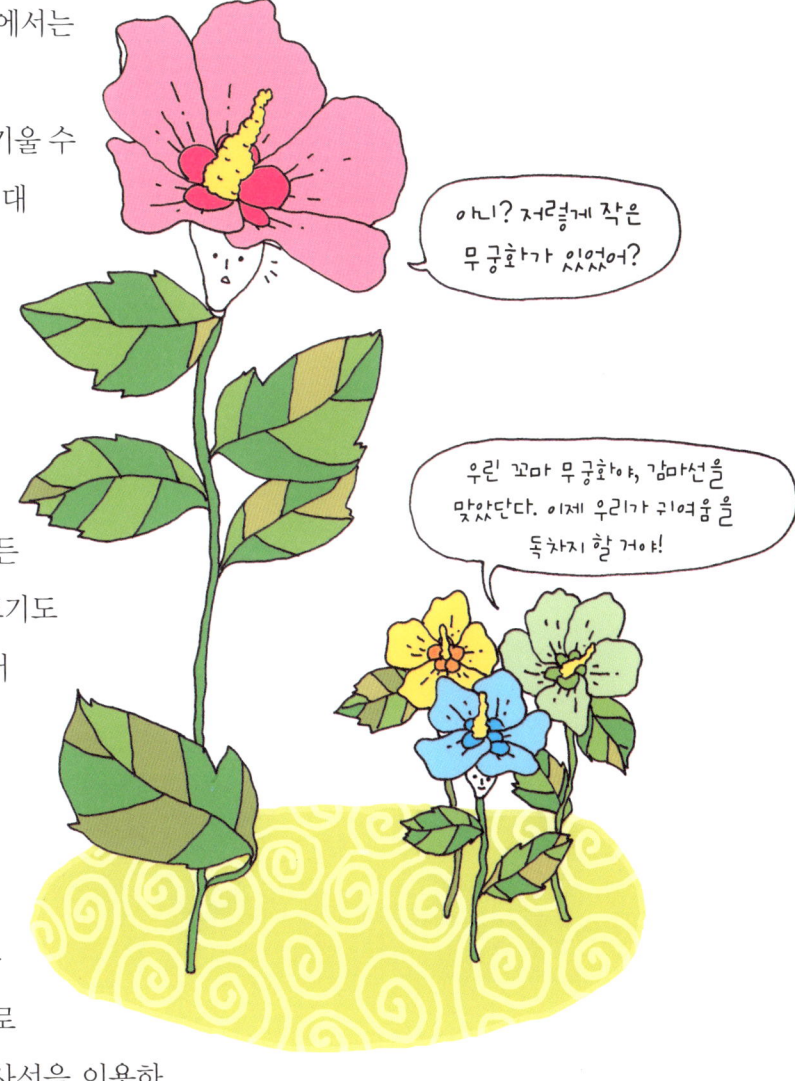

여 유전자를 개량하는 기술을 '방사선 돌연변이 기술'이라고 한답니다.

지금은 이런 기술을 이용하여 다른 식물도 개량할 수 있게 되었답니다. 장미꽃도 여러 가지 색깔을 가지게 되었고, 난초도 많은 종류가 만들어졌지요.

지금 꽃을 재배하는 농가에서 이미 이런 기술을 이용하여 새로운 품종을 많이 재배하고 있지만, 아직은 외국 기술을 많이 사용하고 있어 기술사용료를 내고 있어요. 우리나라에서도 좀 더 연구하면 우리 기술로 더 좋은 품종을 만들 수 있을 것이라고 생각하는데, 여러분도 많은 관심을 가지고 나중에 커서 새로운 기술을 개발하기 바랍니다. 이런 기술로 외화를 많이 벌어들일 수 있으니까요.

# 7 스파이 같은 방사선

## 비행기 엔진 속을 볼 수 있어요!

비행기는 참 편리한 운송 수단이에요. 비행기를 타고 지구 반대편인 미국까지 10시간 정도면 갈 수 있지요. 이렇게 빠르고 편리하지만 구조가 아주 복잡해서 고장이 나면 쉽게 알 수가 없답니다. 하늘에서 고장이 나면 굉장히 위험하지요.

비행기의 자그마한 부속이라도 잘못되어 제대로 날지 못하면 추락하여 많은 사람들의 목숨을 앗아 갈 수도 있기 때문이랍니다. 그래서 비행기는 날기 전에 아주 정밀하게 부품의 이상을 점검해야 합니다.

**방사선으로 비행기 고장을 알아내요**

비행기의 엔진은 아주 복잡해서 정비사들도 어디가 고장이 났는지 찾기 어렵답니다. 속을 다 뜯어볼 수 있다면 좋겠지만, 그러려면 정비 시간이 많이 걸리겠지요? 하루 한 번 먼 거리를 날아야 하는데, 많은 시간을 들여 정비를 한다는 것은 상당히 어렵답니다. 그러나 방사선을 이용한다면 이런 어려운 문제를 쉽게 풀 수 있지요. 앞에서 엑스선으로 손의 뼈를 사진 찍을 수 있다고 한 것을 기억하나요? 속을 뜯지 않고도 엑스선이나 감마선을 쪼이면 들여다볼 수 있답니다. 이런 방법을 '비파괴검사'라고 하지요. 비파괴검사란 어떤 물체를 본래 모양과 기능을 전혀 손상시키지 않고도 그 물체에 이상이 있는지 알아내는 것을 말합니다.

예를 하나 들어 볼까요? 아파트 옥상에 있는 물탱크 속에 물이 얼마나 들어 있는지를 알려면 꼭대기에 올라가 눈으로 들여다보면 되지요. 그런데 그 속의 물이 우리가 먹어도 되는가를 알기는 어렵답니다. 만일 물통 속의 금속이 녹슬었다면 그 물을 먹기 어렵겠지요? 이런 상황에 비파괴검사를 한다면 물통 속의 모양을 그대로 볼 수 있기 때문에 이상이 있는지를 쉽게 검사할 수 있답니다. 기차 바퀴의 속을 들여다 볼 수 있으면 바퀴가 빠르게 달려도 괜찮은지를 알 수 있고, 뜨거운 보일러 속도 들여다볼 수 있으면 보일러 속의 이상을 알 수 있겠지요.

**엑스선과 감마선으로 사진 찍기**

전에는 초음파를 보내 금속의 이상을 알아내는 방법을 많이 사용했답니다. 초음파란 보통 우리가 듣는 소리보다 진동수가 커서 사람의 귀로는 들을 수 없는 소리의 파장을 말해요. 돌고래는 깊은 바다 속에서 초음파를 내보내고 다시 되돌아오는 음파를 통해 먹이와 장애물의 위치를 안다고 해요. 이런 돌고래의 능력을 보고 우리 생활에서도 초음파를 사용하게 되었답니다.

초음파를 쏘이면 금속의 결함 부분에서는 세기가 약해진다는 것을 발견했습니다. 하지만 초음파검사로 문제가 있는지 알 수는

> **1929년 소련의 과학자인 소콜로프의 발견**
> 금속에 초음파를 쏘아서 다시 돌아온 초음파의 세기를 측정한 게 초음파검사의 시작이라고 볼 수 있지요.

있지만, 문제가 어느 정도인지 알기는 어려워요. 그래서 더 좋은 방법을 찾은 게 엑스선이나 감마선을 쏘아 사진을 찍는 비파괴검사랍니다.

엑스선이나 감마선보다 물체를 통과하는 힘이 훨씬 좋은 중성자를 이용한다면 보다 깊은 곳까지 들여다볼 수 있답니다. 비행기 엔진이나 날개 등 아주 중요한 부분은 그 속을 들여다보기 위해 중성자를 쏘기도 합니다. 비행기보다 더 빠르고 더 많은 사고가 나는 전투기 결함을 검사하려면 반드시 비파괴검사를 해서 안전하게 운전할 수 있도록 주의해야 한답니다.

이렇게 큰 비행기를 검사하는 데에도 비파괴검사를 하지만, 반대로 아주 작은 물체의 속도 볼 수 있지요. 잠자리의 몸을 검사하여 속이 어떻게 생겼는지 알 수 있어요! 눈으로는 볼 수 없는 머리카락 속의 금이 난 부분까지 이 검사로 볼 수 있답니다.

**공룡이 살던 시대를 알 수 있어요!**

이집트에 가면 왕의 무덤이 많이 있어요. 피라미드는 매우 크고, 그 속은 길을 찾기 어려울 정도로 복잡하답니다. 옛날에 이집트의 왕이 죽으면 아주 귀한 보물도 함께 묻기 때문에 보물을 훔치러 오는 사람들을 막기 위해서였지요.

당시 사람들은 몸을 그대로 유지하면 미래에 다시 살릴 수 있다고 믿었답니다. 그래서 시신을 원래 모양으로 유지할 수 있도록 미라를 만들어 보관

### 방사성을 띠는 탄소 형제

탄소 원소도 형제를 가지고 있어요. 질량이 12인 것과 14인 것이 있는데, 탄소14는 공기 중에 있는 질소가 우주광선과 부딪치면서 만들어지기 때문에 약한 방사성을 띠어요. 공기 중의 탄소14는 산소와 결합하면 이산화탄소가 되어 광합성을 하는 식물에 흡수됩니다. 사람과 동물들은 이 식물을 먹거나 숨을 쉬면서 자연스럽게 탄소14를 흡수해요. 탄소14가 띠고 있는 방사성이 아주 약하기 때문에 우리 몸에 아무 영향을 끼치지는 않지요. 동식물이 죽으면 더 이상 탄소14를 흡수하지 못하면서, 몸속의 탄소14는 붕괴되어 질소로 변해서 공기 중에 사라지게 된답니다.

했다고 해요. 아직 살아난 왕은 없지만, 이런 미라를 보고 많은 사람들이 신기해한답니다. 이런 미라가 과연 얼마나 오래되었는지 알기는 어렵지만, 방사선을 이용하면 왕이 죽은 연대를 정확히 알 수 있답니다.

오래된 공룡 화석이나 물고기 화석은 연대를 알기 더 어렵지요. 몇백만 년 전에는 사람이 살기 이전이라 아무 기록이 없기 때문에 연대를 측정하기 매우 어렵답니다. 그러나 이렇게 오래된 공룡 화석도 방사선을 이용하면 정확히 그 공룡이 살았던 연대를 알 수 있답니다. 대단하죠?

### 방사성탄소연대측정법

미국의 윌러드 리비 박사는 우주광선이 탄소14를 만드는 속도와 탄소14가 자연히 붕괴되는 속도가 같아서 지구에는 언제나 일정한 양의 탄소14가 있다는 것을 알게 되었어요. 그래서 이런 탄소14의 성질을 이용하여 죽은 연대를 측정할 수 있는 방법을 생각했지요. '방사성탄소연대측정법'이라고 하는 이 방법은 생물체가 죽은 뒤에 뼈나 미라 등이 갖고 있는 탄소14의 양과 현재 살아 있는 생물이 가지고 있는 탄소14의 양을 비교하는 것입니다.

탄소14가 절반으로 줄어드는 데 걸리는 시간이 5730년이기 때문에, 줄어든 비율로 죽은 연대를 알 수 있는 것이랍니다. 예를 들어 미라가 가진 탄소14의 양이 100이고 현재의 탄소14 양이 200이라고 하면, 이 미라는 언제 죽었을까요? 탄소 양이 반으로 줄어들었으니 5730년 전에 죽었겠지요.

이 방법으로 약 5만 년 전에 죽은 생물까지는 연대를 정확히 알 수 있어 화석과 고대 유물뿐 아니라 지구의 흙이나 돌이 얼마나 오래되었는지 등을 알아보는 데 널리 이용하고 있답니다.

# 원자의 움직임까지 볼 수 있어요

눈에 보이지 않을 정도로 작은 미생물은 현미경을 통해 볼 수 있습니다. 물체를 구성하고 있는 원자는 미생물보다 훨씬 작아요. 1만분의 1, 아니 더 작지요. 그래서 일반 현미경으로는 원자가 어떻게 움직이는지 볼 수 없답니다. 일반 현미경은 빛을 이용해서 물체를 들여다보지만, 전자현미경은 전자빔을 쏘아 물체를 들여다볼 수 있어 더 작은 물체도 볼 수 있답니다.

### 신비한 원자 세계를 알려 주는 중성자

전자는 음(-)전기를 띠고 있어 물체의 속까지 보기는 어렵답니다. 전자가 물체의 겉에 닿으면 양(+)전기를 만나 곧 전기를 잃게 되거든요. 하지만 전기를 띠지 않는 중성자를 이용한다면 물체의 속까지 깊이 들어갈 수 있답니다.

중성자는 물체의 다른 알갱이들과 약하게 반응하면서 속이 어떻게 생겼는지 알려 준답니다. 이런 성질을 이용하여 단순하게 속을 들여다보는 것만 아니라, 새로운 물질을 만들어 내기도 하지요. 신비한 원자의 세계를 중성자를 통해 볼 수 있다니 신기하지요?

다이아몬드는 아주 비싼 보석이지요. 그러나 이런 보석도 속을 들여다보면 약간의 결함이 있답니다. 만일 이런 결함을 전부 없앤다면 더 비싼 보석이 되겠지요? 요즈음 중성자를 이용하여 다이아몬드 속의 결함을 제거하기도 한답니다.

어떤 물질의 결함을 제거할 수 있다면 더 완벽한 물질이 되겠지요? 가정에서 사용하는 모든 가전제품은 주로 반도체로 만듭니다. 반도체의 원료로 실리콘이나 게르

마늄을 사용하는데, 이런 물질들이 가지고 있는 작은 결함을 중성자를 쏘아 없앤다면 반도체를 더 완벽하게 만들 수 있지요. 이런 반도체는 조금이라도 틈이 보여서는 안되는 KTX 같은 고속열차나 앞으로 선보일 예정인 수소자동차에 유용하게 쓰인답니다. 공상과학 소설에서 볼 수 있는 날아다니는 자동차도 더 이상 꿈이 아닐지 모르지요. 이 모든 게 가능한 것은 원자력을 이용한 기술에서 시작할 수 있다니 놀랍지 않나요?

원자력은 이렇듯 우리 생활과 밀접한 관련이 있답니다. 사람을 공격하는 원자폭탄에서 시작했지만 요즈음은 사람을 위해서 없어서는 안될 정도로 많은 역할을 하고 있지요. 이산화탄소가 나오지 않고 경제성이 뛰어난 원자력발전, 방사선을 이용한 암 진단과 치료, 식품보관을 위한 방사선 조사 등 앞으로도 원자력은 인류를 위해서 많은 일을 할 것으로 보입니다.

우리 어린이들이 커서 원자력을 이용해서 더 많은 곳에 활용할 수 있기를 바라며, 평화적인 에너지, 지구 환경을 가장 먼저 생각하는 에너지로 인식이 바뀔 수 있도록 많은 역할을 하기를 기대합니다. 원자력에 대한 궁금증이 좀 풀렸나요?

더 궁금하고 알고 싶은 게 있다면, 지금부터 조금씩 연구를 시작해 보세요. 아마도 신나는 모험이 펼쳐지리라 생각합니다.

# 퀴즈로 풀어 보는 원자력 이야기

1  "모든 물질이 원자로 이루어졌다."고 한 그리스의 철학자는 누구인가요?

2  지구에는 원소가 몇 개 있나요?

3  92개 원소 가운데 가장 가벼운 원소는 무엇인가요?

4  가장 무거운 원소로 원자력에너지를 만드는 데 쓰이는 원소는 무엇인가요?

5  원자핵 속에 있는 두 가지 다른 성질의 알갱이는 각각 무엇일까요?

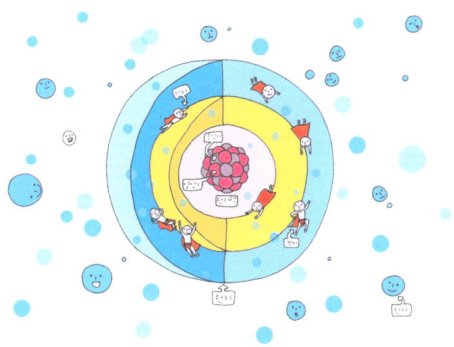

6  물체를 나누거나 다시 합해도 전체 질량은 변함이 없다는 법칙이 무슨 법칙일까요?

7  독일에서 태어난 미국의 물리학자로 '질량이 에너지로도 바뀔 수 있다.'라는 원리를 알아낸 사람은 누구일까요?

8  약 200년 전에 《해저 2만리》라는 잠수함이 나오는 이야기를 쓴 작가는 누구일까요?

9 원자폭탄과 원자력발전의 원리는 같을까요?

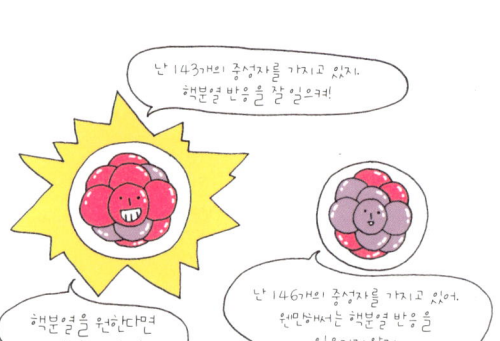

11 입자 모양의 방사선에는 어떤 종류가 있나요?

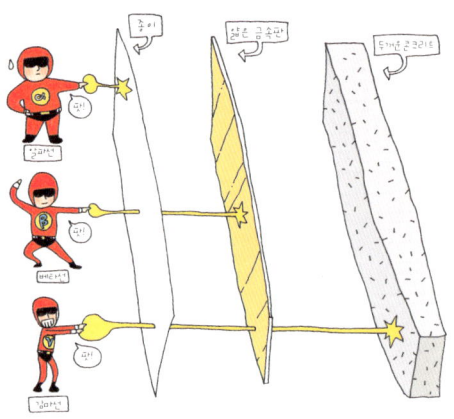

10 원자력발전소에서 쓰고 나온 핵연료는 어떻게 보관하나요?

12 에너지 형태의 방사선에는 어떤 종류가 있나요?

**13** 엑스선을 발견한 사람은 누구인가요?

**14** 라듐에서 나오는 눈에 보이지 않는 빛이 엑스선이라는 것을 알아낸 과학자는 누구일까요?

**15** 우리가 살고 있는 곳에도 방사선이 있을까요?

**16** 디지털카메라처럼 우리 몸을 찍어서 병에 걸렸는지를 알아볼 수 있는 기기는 무엇일까요?

**17** 방사선으로 이집트 미라의 나이와 공룡이 살던 연대까지 알 수 있다는 게 사실인가요?

**18** 방사선을 이용해서 칼 없이 수술을 할 수 있나요?

**19** 색을 내기 위해서 음식에 첨가하는 물질을 무엇이라고 하나요?

**20** 음식물에 방사선을 쪼여 데우지 않고도 나쁜 균을 없앨 수 있나요?

## 정답

1 대운전기사
2 927H
3 수건
4 칠판
5 안전지 밑쪽이 초록색 양말이
6 줄넘 줄의 탐색
7 아이스크림
8 파란색 꽃 화분
9 헬리콥터가 서있고 앞바퀴쪽을 깎아서 그래 하기는 에나멜을 이용합니다 장애서 동그리 정습니다.
10 여 아이 얼굴이 달린 풍이 많이 사용 때까지 소형등이 고장났습니다.
11 음악기, 배터리, 중간자시
12 장애인 에스컬
13 수영이 가능하지 끌린지

14 풍돌리의 그동차 가리 덮인
15 롱이나 공기청정 산나시도 새롭음 고동하는 풍장 기공에 야간입니다.
16 공원타트롤량으로 CT장치도 하지요.
17 에, 양사지를 이용해서 가이 정원하게 할 수 있습니다.
18 예, 양사지를 이용해서 운동 ※동하지 않고 있습니다.
치료 ※ 있습니다. (잡아다이프)
19 빨래에
20 네, 양사지를 쪽에 장공을 풀 수 있기 때문입니다.

# 원자력이 궁금해요

글 | 이은철
그림 | 홍원표

초판 1쇄 발행 | 2009년 4월 24일
초판 7쇄 발행 | 2015년 4월 22일

펴낸이 | 신난향
편집위원 | 박영배
펴낸곳 | (주)맥스교육(상수리)
출판등록 | 2011년 8월 17일(제321-2011-000157호)
주소 | 서울특별시 서초구 논현로 83 삼호물산빌딩 A동 4층
전화 | 02-589-5133(대표전화)
팩스 | 02-589-5088
블로그 | blog.naver.com/kyung_park
홈페이지 | www.maksmedia.co.kr

편집 | 송지현 조현주
디자인 | 은디자인
영업·마케팅 | 홍동화 박해수
경영지원팀 | 장주열
인쇄 | 삼보아트

ISBN 978-89-93397-05-5  73500
　　　978-89-93397-07-9(세트)
정가 11,000원

＊이 책의 내용을 일부 또는 전부를 재사용하려면 반드시 (주)맥스교육(상수리)의 동의를 얻어야 합니다.
＊잘못된 책은 바꾸어 드립니다.

# 🌰 상수리 호기심 도서관

### 1. 지속 가능한 발전 이야기
2008년 (사)행복한아침독서 추천 도서
카트린느 스테른 글 | 페넬로프 패쉴레 그림 | 양진희 옮김
지속 가능한 발전과 환경 보호 실천법 소개

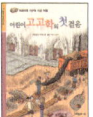
### 2. 어린이 고고학의 첫걸음
라파엘 드 필리포 글 | 롤랑 가리그 그림 | 조경민 옮김
고고학 상식부터 우리 고고학 역사 설명

### 3. 구석구석 알아보는 몸과 성 이야기
세르쥐 몽타냐 글 | 피에르 보쿠쟁 그림 | 김효림 옮김
몸의 구조와 역할, 성교육 등 우리 몸 탐구

### 4. 가족 나무와 유전자 이야기
로랑스 아방쉬르 아잔 글 | 뱅상 베르제에 그림 | 김미겸 옮김
유전자, 족보, 가족 촌수, 타인 존중 설명

### 5. 세계의 모든 집 이야기
2009년 (사)행복한아침독서 추천 도서
올리비에 미뇽 글 | 오렐리 르누아르 그림 | 이호숙 옮김
집의 역사와 세계 문화를 알려 주는 책

### 6. 알고 싶고 타고 싶은 자동차
2009년 문화체육관광부 아동청소년 우수 교양도서
홍대선 글 | 남궁선하 그림 | 김정하 감수
자동차 역사와 원리, 경제와 과학까지 설명

### 7. 상상력이 만든 장난감과 로봇
2009년 열린어린이 여름방학 추천 도서
2010년 (사)행복한아침독서 추천 도서
백성현 글 | 황미선 그림 | 김정하 감수
로봇의 역사와 발전 과정, 원리를 정리

### 8. 똥을 왜 버려요?
2009년 열린어린이 겨울방학 추천 도서
2010년 (사)행복한아침독서 추천 도서
김경우 글 | 조윤이 그림
세계의 패션과 문화, 역사를 담은 똥 이야기

### 9. 우리 소리 우리 음악
2010년 문화체육관광부 아동청소년 우수 교양도서
제76차 한국간행물윤리위원회 권장 도서
김명곤 글 | 이인숙 그림
우리 음악의 역사와 민족의 멋과 흥 설명

### 10. 한 권에 담은 세계 음악
2010년 국립어린이청소년도서관 사서 추천 도서
파우스토 비탈리아노 글 | 안토니오 라포네 그림 | 조성윤 옮김
바흐부터 재즈, 힙합까지 담은 음악 정보책

### 11. 보고 싶은 텔레비전 궁금한 방송국
소피 바흐만 외 글 | 토나두란 그림 | 김미겸 옮김
텔레비전과 방송의 역사와 원리 설명

### 12. 정정당당 스포츠와 올림픽
2011년 어린이문화진흥회 좋은 어린이책 선정
베네딕트 마티유 외 글 | 오렐리앙 데바 그림 | 김옥진 옮김
올림픽의 역사와 스포츠 발달 과정 정리

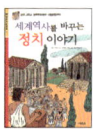
### 13. 세계역사를 바꾸는 정치 이야기
소피 라무뢰 글 | 클레르 페레 그림 | 양진희 옮김
정치 제도와 시민 운동 등을 알려 주는 정보책

### 14. 생명을 살리는 윤리적 소비
2010년 문화체육관광부 아동청소년 우수 교양도서
정원각 외 글 | 이상미 그림
공정 무역과 환경 등의 소중함을 일깨우는 책

### 15. 어린이 로마인 이야기
에릭 다스 외 글 | 오렐리앙 데바 그림 | 김옥진 옮김
로마의 유적과 유물, 역사와 문화 정보책

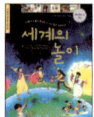
### 16. 세계의 놀이
2011년 어린이문화진흥회 좋은 어린이책 선정
2011년 (사)행복한아침독서 추천 도서
알레산드로 마싸쏘 외 글 | 비비아나 체라토 그림 | 조성윤 옮김
대륙별로 소개하는 세계 어린이 놀이 백과

### 17. 천하무적 어린이 야구왕
김동훈 글 | 최일룡 그림
흥미진진 재미만점 알찬 야구 안내서

### 18. 빨리 높이 멀리 달려라 육상 이야기
김화성 글 | 최환욱 그림
육상의 역사와 과학, 육상 스타들의 도전기

### 19. 초등 경제 콘서트
리비아나 포로팟 글 | 스테파노 토네티 외 그림 | 유은지 옮김
세계의 모든 경제 정보가 담긴 경제 백과

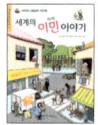
### 20. 세계의 이민 이야기
소피 라무뢰 글 | 기욤 롱 그림 | 박광신 옮김
이주와 다문화 시대를 사는 세계 어린이를 위한 안내서

### 21. 영화 아는 만큼 보여요
2013년 (사)행복한아침독서 추천 도서
이남진 글 | 홍기한 그림
상상력과 창의력 가득한 어린이 영화 안내서

### 22. 나도 저작권이 있어요!
2013년 (사)행복한아침독서 추천 도서
김기태 글 | 이홍기 그림
인터넷 세대가 알아야 할 지작권의 모든 것

### 23. 달력을 보면 사회가 재밌어!
정세언 글 | 이유진 그림
달력으로 배우는 신개념 초등 사회 학습!

### 24. 문화재가 살아 있다!
정혜원 글 | 김진원 그림
세계가 인정한 우리 무형 문화유산 15!

\* 상수리 호기심 도서관 시리즈는 계속 출간됩니다.